行政诉讼与国家赔偿审判理论与实务

The Trial Theory and Practice of
Administrative Litigation and State Compensation

王振宇 著

人民法院出版社

图书在版编目（ＣＩＰ）数据

行政诉讼与国家赔偿审判理论与实务 / 王振宇著. -- 北京：人民法院出版社，2023.4
ISBN 978-7-5109-3761-3

Ⅰ. ①行… Ⅱ. ①王… Ⅲ. ①行政诉讼法－案例－中国②国家赔偿法－案例－中国 Ⅳ. ①D925.305②D922.115

中国国家版本馆CIP数据核字(2023)第048360号

行政诉讼与国家赔偿审判理论与实务
王振宇　著

策划编辑	李安尼
责任编辑	巩　雪
封面设计	马晓腾　尹苗苗
出版发行	人民法院出版社
地　　址	北京市东城区东交民巷27号（100745）
电　　话	（010）67550658（责任编辑）　　67550558（发行部查询） 　　　　　65223677（读者服务部）
客服QQ	2092078039
网　　址	http://www.courtbook.com.cn
E-mail	courtpress@sohu.com
印　　刷	三河市国英印务有限公司
经　　销	新华书店
开　　本	880毫米×1230毫米　1/32
字　　数	190千字
印　　张	9.5
版　　次	2023年4月第1版　2023年5月第2次印刷
书　　号	ISBN 978-7-5109-3761-3
定　　价	58.00元

版权所有　侵权必究

哲学家们只是用不同的方式解释世界，而问题在于改变世界。

——［德］卡尔·马克思

法律乃公正善良之术。

——［古罗马］塞尔苏斯

凡 例
Explanatory Notes

1. 凡属于国家法律的，均简称为"××法"。例如《中华人民共和国立法法》简称为《立法法》，《中华人民共和国行政复议法》简称为《行政复议法》。

2. 凡属于法规以及法规以下规范性文件的，均简称为《××条例（规定或者办法等）》。例如《中华人民共和国行政复议法实施条例》简称为《行政复议法实施条例》。

3. 1989年4月4日第七届全国人民代表大会第二次会议通过的《中华人民共和国行政诉讼法》，简称为1989年《行政诉讼法》。

4. 2014年修正的《中华人民共和国行政诉讼法》，简称为2014年《行政诉讼法》。

5. 1994年5月12日第八届全国人民代表大会常务委员会第七次会议通过的《中华人民共和国国家赔偿法》，简称为1994年《国家赔偿法》。

6. 2010年修正的《中华人民共和国国家赔偿法》，简称为2010年《国家赔偿法》。

7. 1991年施行的《最高人民法院关于贯彻执行〈中华人

民共和国行政诉讼法〉若干问题的意见（试行）》，简称为1991年《行诉解释》。

8. 2000年施行的《最高人民法院关于执行〈中华人民共和国行政诉讼法〉若干问题的解释》，简称为2000年《行诉解释》。

9. 2018年施行的《最高人民法院关于适用〈中华人民共和国行政诉讼法〉的解释》，简称为2018年《行诉解释》。

10. 2010年施行的《最高人民法院关于审理行政许可案件若干问题的规定》，简称为《行政许可解释》。

11. 2004年最高人民法院印发的《关于审理行政案件适用法律规范问题的座谈会纪要》，简称为《审理行政案件适用法律纪要》。

12. 2021年施行的《最高人民法院关于审理国家赔偿案件确定精神损害赔偿责任适用法律若干问题的解释》，简称为《精神损害赔偿解释》。

13. 2022年修正的《最高人民法院关于审理人身损害赔偿案件适用法律若干问题的解释》，简称为《人身损害赔偿解释》。

14. 2022年施行的《最高人民法院关于审理涉执行司法赔偿案件适用法律若干问题的解释》，简称为《涉执行赔偿解释》。

目 录
Contents

第一部分　审判工作经验

003　｜　一、可诉行政行为的基本特征
025　｜　二、行政诉讼原告资格之界定
042　｜　三、超越职权的基本形态和具体情形
059　｜　四、行政审判中解释法律的主要方法
086　｜　五、行政裁量与司法审查
118　｜　六、国家赔偿审判新发展

第二部分　典型案例分析

162　｜　一、婚姻登记案件的原告资格和判决方式
170　｜　二、无主体拆迁行为主体的推定与行政诉讼被
　　　　　　告的确定
178　｜　三、因被告原因无从判断复议前置时可直接起诉
184　｜　四、行政诉讼的类型、审查范围与判断基准时

197	五、"依照刑事诉讼法的明确授权实施的行为"之认定
205	六、行政自我拘束原则的适用
213	七、禁止不利变更原则的适用
225	八、情势变更原则在行政补偿中的适用
233	九、超出容积率部分的土地依照何种标准进行补偿
240	十、土地征收与地上房屋拆迁程序分隔时的补偿标准
247	十一、将施工采挖的砂、石、土用于工程本身无须办理矿产开采许可证
253	十二、行政机关在星期六实施强制拆除是否合法
259	十三、情况判决的适用条件
270	十四、国家赔偿给付期限届满后继续发生的损害之赔偿

第三部分　作者事迹简介

281	一、综合情况
281	二、成长经历
282	三、审判业绩
285	四、理论成果

后　记

第一部分
Part One

审判工作经验
Trial Experience

一、可诉行政行为的基本特征[*]

【审判经验总结】

可诉行政行为有六个基本特征。一是可诉行政行为具有影响力或者"损益性",既包括法律行为,也包括实际影响相对人合法权益的事实行为。二是可诉行政行为具有行政性,既包括行政机关行使职权履行职责的行为,也包括其他主体受行政权支配而为的行为。三是可诉行政行为具有特定性,既包括行政机关针对特定对象和特定事项而为的行为,也包括对象和事项中只有一项特定的行为。四是可诉行政行为具有外部性,既包括行政机关作出的外部行为,也包括虽非外部行为但直接产生外部效力的行为。五是可诉行政行为不再强调传统的单方性,既包括行政机关作出的单方行为,也包括双方行为和多方行为。六是可诉行政行为的权益保护范围具有开放性,既包括行政机关作出的涉及相对人人身权、财产权的行为,也包括涉及其他合法权益的行为。

---

[*] 根据笔者在国家法官学院 2017 年全国法院立案系统高级法官培训班上,所作题为《行政诉讼的门槛》讲座中的部分内容整理。参考笔者所写《可诉行政行为的基本特征》一文,载微信公众号"行政执法与行政审判",2019 年 6 月 24 日。

【正文】

不断扩大受案范围，追求无漏洞的权利保护，是各国行政诉讼制度发展的共同趋势。"对于侵犯公民权利的每一种国家权力行为，都必须有一个适当的诉讼种类可供利用。"[①]我国《行政诉讼法》实施以来，可诉行政行为的范围一直在扩大，朝着让人民群众"告状有门"的目标不断迈进。1989年《行政诉讼法》规定的受案基准是"具体行政行为"，1991年《行诉解释》对"具体行政行为"作出定义，[②]其含义与德国的"行政行为"[③]和日本、韩国、我国台湾地区的"行政处分"[④]相当。在行政执法的"工具箱"中，"行政行为"或者"行政处分"的重要性可谓无出其右，但终归只是众多行政活动方式之一。在政府职能转变、行政活动方式日益多样化的背景下，行政审判却囿于司法解释的定义难以同步跟进，权

---

① 参见［德］弗里德赫尔穆·胡芬：《行政诉讼法》，莫光华译，法律出版社2003年版，第204页。

② 1991年《行诉解释》第1条规定："具体行政行为"是指国家行政机关和行政机关工作人员、法律法规授权的组织、行政机关委托的组织或者个人在行政管理活动中行使行政职权，针对特定的公民、法人或者其他组织，就特定的具体事项，作出的有关该公民、法人或者其他组织权利义务的单方行为。

③ 行政行为是19世纪行政法理论的创造。德国学者奥托·迈耶揭示了行政行为的本质特征，至今仍然具有决定性的影响。参见［德］哈特穆特·毛雷尔：《行政法学总论》，高家伟译，法律出版社2000年版，第181页。

④ 日本继受德国行政法学后，便将"行政行为"译为"行政处分"。中国在20世纪初，受到日本行政法学的影响，建立行政法的学理时，也沿用了日本的"行政处分"一词。韩国的情况亦同。我国台湾地区"行政法"则长期受到日本行政法学及行政法律用语的影响，至今仍使用"行政处分"一词。参见陈新民：《中国行政法学原理》，中国政法大学出版社2002年版，第133~134页。

利救济和权力监督的功能均受到较大限制。2000年《行诉解释》取消了上述定义，在给实践发展创造条件的同时，也带来受案范围边界不清的问题。2014年《行政诉讼法》修改时，将受案基准改为"行政行为"，受案范围在进一步扩大的同时，其边界变得更不清晰，界定行政诉讼受案范围的实践需求也更加强烈。笔者结合法律文本和判例学说，归纳出可诉行政行为的六个基本特征，期能为行政审判同仁提供参考。

（一）可诉行政行为既包括法律行为，也包括实际影响相对人合法权益的事实行为

行政活动有法律行为和事实行为之分。法律行为是"通过一定的意思表示来追求特定效果发生的行为"，[1]法律行为追求的"特定效果"通常体现为改变相对人的权利义务或者法律地位。质言之，法律行为是行政活动中那些旨在改变相对人的权利义务或者法律地位的、有法律效力的意思表示。其类型既包括命令、禁令、处罚、征收等损益行政行为，也包括许可、补偿、奖励、给付等授益行政行为。事实行为从属于法律行为，旨在追求法律行为实现的事实结果。即使事实行为客观上造成了改变相对人的权利义务或者法律地位的事实结果，该结果一般亦应归属于法律行为，而不归属于为法律行为服务的事实行为。事实行为的主要功能是法律行为

---

[1] 参见江必新：《法律行为效力：公法与私法之异同》，载《法律适用》2019年第3期。

的准备和执行。[①]其具体包括认知表示或者观念通知和实施法律行为的纯业务行为两种类型。[②]前者包含程序性通知(比如通知补正材料、听证)和无约束力的答复(比如答复申诉人原处理决定正确)等;后者则包含实施既定损益性决定的具体活动,比如动用人力和机械设备实施拆除违法建筑的实际活动等。

为什么法律行为具有可诉性?因为改变相对人权利义务或者法律地位的意思表示一旦具有法律效力,对相对人的影响就不只是说说而已,而是一种实际的客观存在,通常体现为对相对人利益的必然或者接近必然的损害,而行政活动对相对人的实际影响或者"损益性",就是可诉性判断的根本标准之一。一般认为,法律效力主要包括公定力、拘束力、执行力。法律行为通常都具有完整的法律效力,但也有法律效力不尽完整的情况,最典型的就是确认民事法律关系或者特定事实的行政确认行为。这些确认行为具有公定力、拘束力,而没有执行力,是否可诉?1989年《行政诉讼法》实施之初,审判实践曾有过不同做法,但很快就形成了共识:行政确认是否可诉,就看其对公民、法人或者其他组织有无实际影响,或者是否具有"损益性"。比如,不动产登记事关申

---

① 参见〔德〕汉斯·J.沃尔夫等:《行政法》(第二卷),高家伟译,商务印书馆2002年版,第187页。

② 参见〔德〕平特纳:《德国普通行政法》,朱林译,中国政法大学出版社1999年版,第176页。

请人能否获得权利人的法律地位，或者其原本享有的权利义务内容能否得到更有利的调整。如果存在权利争议，则对主张权利的利害关系人来说可能意味着剥夺，不动产登记对公民、法人或者其他组织的实际影响不言而喻，显然是一种具有"损益性"的行政活动方式，其可诉性应当得到承认。

按照传统理论，事实行为原则上不具有可诉性。因为事实行为被认为不会独立地产生改变相对人权利义务或者法律地位的效果。其中，认知表示或者观念通知通常本身不具有"损益性"；而纯业务行为即使有造成相对人损害的事实结果，这种损害结果也应归于所从属的法律行为。以往事实行为不可诉被认为是审判实践的原则，但以有无"损益性"为标准，在两种事实行为中都发展出了例外情形。一是《行政许可解释》规定，行政许可行为过程中的通知行为具有终局效果时具有可诉性。[①] 比如，补正材料通知本属认知表示或者观念通知，并不直接改变相对人的权利义务或者法律地位，但行政机关的补正要求明显超出法律规定且事实上不可能时，就相当于直接否定许可申请，其"损益性"与不予许可的决定无异。二是有些纯业务行为具有侵犯合法权益的可能，但其损害后果却不能归于法律行为。比较常见的情况是，纯业务行为造成的损害结果无法被其所从属的法律行为吸收。比

---

① 参见《行政许可解释》第3条关于"公民、法人或者其他组织仅就行政许可过程中的告知补正申请材料、听证等通知行为提起行政诉讼的，人民法院不予受理，但导致行政许可程序对上述主体事实上终止的除外"之规定。

如，实施强拆的行为通常被认为从属于拆除违法建筑决定，但实施强拆时造成相对人身体伤害的行为就很难说它是拆除违法建筑决定的意思，故不能将该损害结果归属于拆除违法建筑决定。还有一种比较少见的情况是，有些纯业务行为并不从属于法律行为，其造成的损害后果无法归入任何法律行为。比如，在采取即时强制措施之前，通常都没有命令或者禁令这样的法律行为，故其即时强制造成的损害也无法归附于某个法律行为。行政诉讼要发挥权利救济的作用，就应当承认上述纯业务行为的可诉性。

上述独自产生"损益性"的情形，因被1994年《国家赔偿法》列入国家赔偿事项，而进入行政诉讼的范围。理论的指导作用不可忽视，同时也要认识到，理论并不总是完美的。理论在实践面前已经露出破绽时，不可机械教条，削实践之"足"以适理论之"履"。这个道理具有普适性。在重视传统理论的德国，联邦行政法院在一个判例中明确指出，警察强制措施具有并非纯事实性的特征。[①]其并未泥古不化，概因此类事实行为的"损益性"已与法律行为无异。

总的来说，独自产生"损益性"这一标准对于辨识事实行为的可诉性，常常可以发挥一锤定音的作用。比如，相对人不服行政行为提出申诉，行政机关对此作出的处理是否可诉？如果行政机关的处理是驳回申诉，则相对人的不利后果

---

① 参见［德］弗里德赫尔穆·胡芬：《行政诉讼法》，莫光华译，法律出版社2003年版，第220页。

完全系由原行政行为造成,与再次处理无关,故再次处理行为不可诉;如果行政机关的处理是改变原行政行为,就等于作出了一个新的有"损益性"的决定,故再次处理行为可诉。

(二)可诉行政行为既包括行政机关行使职权或者履行职责的行为,也包括其他主体在行政权支配下而为的行为

行政行为是行政权运行的具体形式,可诉行政行为由此具有行政性。行政权的运行具有权责一致的特点,故可诉行政行为不仅包括行政机关行使职权的行为,还应当包括其履行职责的行为。域外行政诉讼的可诉行政行为最初集中于行政机关行使职权的行为,经过一段发展过程才将行政机关不履行职责的行为纳入受案范围,而我国《行政诉讼法》自制定时起就吸收了这一成果,体现出一种后发优势。不仅如此,我国1989年《行政诉讼法》实施后,伴随着政府职能从"管理到服务"的转变,可诉行政行为的范围亦随之进一步扩展,不仅包括行政管理行为,还包括履行公共服务职能的行为,赶上了世界前进的步伐。

行使职权或者履行职责的行为通常由行政机关亲自作出,这是可诉行政行为的常态。司法实践中,争议较多的是行政机关协助司法的行为是否可诉的问题。行政机关作出协助司法的行为,既有职权职责的依据,又是出于司法机关的要求。其性质如何把握,学理上认识不一,有司法行为说、行政行为说和两可行为说之分。①三种学说对协助司法的行为是否可诉的认识存在较大差异。笔者认为，判断行为主体的根本标准就是看出自谁的独立意思表示。按照制度设计，协助司法的行为应当出自司法机关的意思表示，行政机关在作出该行为时呈现出来的意思表示，完全被司法机关的意思表示所覆盖，故该行为本质上属于司法行为。但是行政机关在实施的过程中，如果明确作出与司法机关意思相反的判断，或者在司法机关意思表示之外采取措施，这两种不能为司法机关意思表示所覆盖的情形自然不应归属于司法机关，而应认为是行政机关自行作出的行政行为。据此，协助司法的行为原则上属于司法行为，不具有行政诉讼的可诉性，但其中出自行政机关独立意思而为的情形应为可诉。目前司法实践已经确认的不可诉原则的例外情形，前述两种情况均已有之。行政机关擅自撤销协助执行的行为②属于行政机关在司法协助中明确作出与司法机关意思相反的判断；而行政机关改变范围包括扩大和缩小协助执行的范围、违法采取措施造成损害、

---

① 司法行为说认为，行政机关协助司法的行为不论是否合法，对当事人权利义务有何影响，在性质上都属于司法行为。行政行为说认为，基于行政职权的独立性，无论在什么状态下，行政机关协助司法的行为都属于行政行为。两可行为说认为，行政机关协助司法行为的性质不能一概而论，它可能是行政行为，也可以是司法行为，须依一定标准针对不同情况作不同判断。参见胡建淼、刘威：《行政机关协助司法的行为性质及其可诉性研究》，载《法学论坛》2020年第5期。

② 参见《最高人民法院行政审判庭关于行政机关撤销或者变更已经作出的协助执行行为是否属于行政诉讼受案范围请示问题的答复》（〔2014〕行他字第6号）。

不履行协助执行义务造成财产损害三种情形[1]则属于在司法机关意思表示之外采取措施。

关于民事主体在与行政机关互动中所为的行为，其性质通常并非行政行为，该行为的后果亦应由民事主体自己承受，但在民事主体的行为完全出自行政权的支配时，则可将行政机关认定为行为主体。最常见的情况就是公务委托。民事主体接受行政机关公务委托而为的活动，属于行政执法活动的内容，亦属可诉的行政行为。这一理论一直延续至今。根据2018年《行诉解释》第25条第2款规定，征收实施单位受房屋征收部门委托，在委托范围内从事的行为，被征收人不服提起诉讼的，以委托的行政机关为被告。其中的"征收实施单位"就是民事主体。在创新社会治理体制、扩大社会参与的背景下，这一规则意义深远。

从实践发展的情况来看，要求行政机关就其他主体所为行为负责的情况早已不限于委托，只要该行为受行政权支配，就可以纳入受案范围。比如，电力公司根据行政机关的命令给企业断电，造成企业财产损失，企业能否就断电一事起诉行政机关？表面上是一个适格被告问题，实质上是电力公司

---

[1] 参见《最高人民法院关于行政机关根据法院的协助执行通知书实施的行政行为是否属于人民法院行政诉讼受案范围的批复》（法释〔2004〕6号）、《最高人民法院办公厅关于房地产管理部门协助人民法院执行造成转移登记错误，人民法院对当事人提起的行政诉讼的受理及赔偿责任问题的复函》（法办〔2006〕610号）、《最高人民法院关于行政机关不履行人民法院协助执行义务行为是否属于行政诉讼受案范围的答复》（〔2012〕行他字第17号）。

给企业断电是否属于行政行为的问题。笔者认为，面对政府命令，电力公司即使明知断电会造成侵权亦只能服从，因此，按照行政命令给相对人断电，"是行政职权运作的表现，而非企业意志的体现"。[①] 该行为完全受行政权支配，故应被看作行政命令的一部分，并因此具有可诉性。再如，交警命令无证驾驶者将车辆开到指定地点听候处理。车辆行驶过程中，驾驶者违反交通规则发生交通事故致人死亡。[②] 从表面上看，受害人的死亡系无证驾驶所致，但无证驾驶者在交警命令面前，即使明知接下来的驾驶行为存在侵权风险亦只能服从。故该行为系受交警命令支配而为，因此交警命令与受害人的损害之间产生了具有相当程度因果关系的实际联系。此时，无证驾驶相当于交警命令的实施行为，具有可诉性。

（三）可诉行政行为既包括行政机关针对特定对象和特定事项而为的行为，也包括对象和事项中只有一项特定的行为

《行政诉讼法》经2014年修改后，受案基准从"具体行政行为"变为"行政行为"，一度引起望文生义的扩大理解。有人认为，可诉行政行为不限于具体行政行为，可以包含抽

[①] 参见何某等25人因诉莆田市涵江区国欢镇人民政府行政强制申请再审案，福建省高级人民法院（2019）闽行再16号行政裁定书。

[②] 参见任慧卿：《行政机关对依其指示行事的辅助行为具有可诉性》，载最高人民法院行政审判庭编：《中国行政审判案例》（第4卷），中国法制出版社2012年版，第21页。

象行政行为。这种认识过于超前，也不符合立法本意。因为《行政诉讼法》第13条第2项将抽象行政行为排除在外，已经表明立法机关无意将抽象行政行为纳入受案范围。那么，这一变化的意义何在？笔者认为，至少有以下两点。一是现实意义。规章以下的规范性文件虽然未被纳入受案范围，不属于诉讼标的，但修改后的《行政诉讼法》规定法院可依申请对其一并进行合法性审查，具有开创性的进步意义。虽然这些文件相对而言层级不太高，但要注意到，在抽象行政行为中，其数量最庞大，内容最具体、最实用，对相对人权益的影响也最直接。因此，一旦违反上位法，侵害人民群众切身利益的风险也最大，将其纳入司法审查，弥补了现有法律监督机制最力有不逮的环节，故其积极意义绝不能简单地以文件的级别论。二是长远意义。受案基准拿掉"具体"两个字，为将来条件成熟时通过单项立法进一步拓展受案范围，预先在基本法律层面去除了一个重大障碍，使受案范围更具弹性，为法律的发展留下了空间。所以，从受案范围的变化来看，修改《行政诉讼法》的红利释放并非"完成时"，而是"进行时"和"将来时"，其完全释放还需要一个过程。从目前来看，单独可诉行政行为仍然局限于具体行政行为，而不包括抽象行政行为。不过，在理解和把握可诉行政行为时，可以持更加开放的态度。

1991年《行诉解释》规定的具体行政行为的诸多要件中，包含"针对特定的公民、法人或者其他组织"和"就特定的具体事项"。如何把握这两个要件在早期行政审判实践中曾引起了一些困惑,尤其是有些行政活动涉及的人数众多,或者书面文件中没有提到相对人的姓名或者名称,比如限期自行拆除某街道两旁广告牌的公告,诸如此类行为是否属于"针对特定的公民、法人或者其他组织"?各地做法不尽一致。经过一段时间探索之后,行政审判的主流观点认为,判断行政行为是否具体,关键不在于人数多少,也不在于形式上是否列出姓甚名谁,而在于对象是否特定。以责令拆除广告牌的公告为例,即使人数众多,没有指名道姓,但受该行政行为影响的主体是确定的,对象也就是特定的。2000年《行诉解释》在废弃上述具体行政行为定义的同时,取而代之的是给"具有普遍约束力的决定、命令"即抽象行政行为下定义,指出其具有"针对不特定对象"和"反复适用"两个条件。具体来讲,用行政活动针对的"对象"和"事项"作为标准,可以将行政活动分为四种类型:一是两者都不特定;二是两者都特定;三是对象特定而事项不特定,如警察命令某人自即日起每天晚上10点之后不许弹钢琴,这一命令对其可以反复适用;四是事项特定而对象不特定,如行政机关在危险建筑旁边设立禁止进入指示牌,对不特定的任何人均可适用。上述第一种情形属于抽象行政行为,第二种情形属于具体行政行为,这是确定无疑的。至于第三种和第四种情形如何归类则是众说纷纭。笔者认为,这两种情形虽有不特定的一面,但其对公民、法人或者其他组织产生的法律效果却终归是个别、具体的权利调整，宜纳入《行政诉讼法》的受案范围之内。这方面域外已有成型的经验可资借鉴。[①]2000年《行诉解释》废弃了具体行政行为的定义，以抽象行政行为的定义代之，其意义在于明确了抽象行政行为仅限于上述四种情形中的第一种，这也就意味着后三种都应当划入具体行政行为的范围，故其可诉性应得到肯定。

（四）可诉行政行为既包括行政机关作出的外部行为，也包括虽非外部行为但直接产生外部效力的行为

外部行为指的是行政机关基于其与外部的公民、法人或者其他组织之间的公共管理和服务关系而作出的行为。

外部行为之所以可诉，首先是因为其内容通常涉及行政机关之外的公民、法人或者其他组织的权利义务等外部事项，而不涉及行政机关范围内的人事、财务、外事等内部事项。《行政诉讼法》排除"行政机关对行政机关工作人员奖惩任免等决定"，根本原因就是基于其属于内部事项。法律对公务员

[①] 在日本，只有一个要素特定的行为被称为"一般性行为"，"因为行政决定没有指定形式上的名义人，并不能当然地否定其处分性。例如，道路区域决定、道路供用开始行为（废止行为），保安林指定行为（指定解决行为）、道路通行禁止行为等，着眼于具体的物的规范的话，在形式意义上都没有名义人，但是，关于这些行为，有必要个别地讨论其产生何种法效果"。参见［日］盐野宏：《行政法》，杨建顺译，法律出版社1999年版，第322页。在德国，"有一类调整，它们针对某一个人，或者一个可以确定的相对人范围，同时又具有一个抽象的调整对象，这些调整无疑都是行政行为"。参见［德］弗里德赫尔穆·胡芬：《行政诉讼法》，莫光华译，法律出版社2003年版，第213页。

施加比一般公民更加严格的限制，意在保障行政的有效性和连续性，其合理性自不待言，这也是为什么传统理论将其归入特别权力关系的原因所在。按照特别权力关系理论，虽然特别权力关系的建立需要法律根据，但其因被归入内部行政而不受法律调整，相对人在这种关系中不存在基本权利、法律保留和法律保护。①

公务员与行政机关的关系是特别权力关系的一个重要领域。一个人只要担任了公务员，其与行政机关之间就形成一种特殊关系，不同于公民和行政机关之间的一般权力关系。在这种关系下，公务员必须接受更为严格的限制和束缚，其中就包括不能就行政机关对其奖惩任免等内部行为寻求司法救济。随着人权保障尤其是对基本权利的日益重视，特别权力关系理论开始松动，有些涉及公务员重大利益的内部行为开始被纳入受案范围。这方面，我国的司法实践也有相应发展，如公务员招录行为的可诉性十几年前就已得到承认。②但是，这并未否定特别权力关系理论。因为在公务员招录考试中，相对人的身份还是普通公民，而非公务员，故仍属外部关系范畴。这与开除、辞退等涉及公务员重大权利的行政

---

① 参见［德］哈特穆特·毛雷尔：《行政法学总论》，高家伟译，法律出版社2000年版，第169页。
② 2003年，张某因体检查出携带乙肝病毒而被取消公务员录取资格，以安徽省芜湖市人事局为被告提起行政诉讼。该案是我国首例因"乙肝歧视"引发的行政案件，推动了《公务员录用体检通用标准（试行）》于2005年正式颁布实施。参见《张某诉芜湖市人事局取消公务员考试资格案》，载《人民法院报》2019年8月10日，第3版。

活动仍有本质区别，而这些行为能否纳入行政审判，在制度设计层面没有探索成熟之前，实践中应当秉持慎重态度。

除公务员与行政机关的关系之外，在特别权力关系中还有三种其他情形。一是军人与军事机关之间的关系。目前军事法院正在开展行政审判试点工作，军人或者军队单位认为军级以下军事机关及其工作人员的军事行政行为侵犯其合法权益的，可以依法提起诉讼。[①]二是学生与公立学校之间的关系。二十多年来，行政审判进行了有益探索，受理了很多涉及受教育权的案件，从中可以归纳出如下共识：学校基于办学自主权进行的日常管理活动不属于行政诉讼受案范围，但对受教育权有重大影响的处理行为，行政诉讼应当给予司法救济的机会。三是罪犯（犯罪嫌疑人、被告人）与监所之间的关系。1994年《国家赔偿法》明确将监狱管理机关的侵权行为纳入刑事赔偿范围，但看守所在刑事判决执行之前对羁押的犯罪嫌疑人、被告人或者罪犯作出的侵权行为是否也属于刑事赔偿范围，该法未作规定。鉴于1994年《国家赔偿法》实施确赔分开，赔偿委员会无权确认刑事司法活动中的

[①] "经中央军委批准，并经最高人民法院批复同意，军事行政诉讼试点工作于2017年开始启动。按照方案，广州军事法院、北京军事法院为试点基层法院，受理第一审军事行政案件。在试点基层法院管辖范围内，军人或者军队单位认为军级以下军事机关及其工作人员的军事行政行为侵犯其合法权益的，可以依法提起诉讼。当事人不服一审裁判的，可以分别向南部战区军事法院、中部战区军事法院提出上诉。试点期间，最高人民法院、解放军军事法院将依法加强监督指导，确保试点工作积极稳妥推进。通过试点，为探索建立军事行政诉讼制度积累经验、创造条件。"参见《军事行政诉讼试点启动》，载《解放军报》2017年7月2日，第1版。

侵权行为，导致涉监所刑事赔偿的救济功能难以正常发挥，人民法院一度将看守所的侵权行为视为可诉行政行为，并将相关权利救济纳入行政赔偿渠道，以尽力填补司法救济的不足。2010年《国家赔偿法》修改后，情况发生了改变。该法在规定实行确赔合一，消除涉监所赔偿程序障碍的同时，首次在法律上明确了看守所侵权行为引起的赔偿为刑事赔偿，这也意味着此类侵权行为不再属于行政诉讼法上的可诉行政行为。

外部行为之所以可诉，还因为其直接具有外部效力。所谓外部效力，主要强调该行为的效力并不局限于行政机关之间或者行政机关内部，而是直接对公民、法人或者其他组织生效。这就在原则上将外部事项中的过程行为和层级监督行为排除在外了，两者也经常被称为内部行为。

过程行为针对的虽然是涉及公民、法人或者其他组织权利义务的外部事项，但还没有到对外生效的阶段。过程行为和多阶段行为存在如下区别：过程行为是行政行为当中的一个环节。比如，作出行政决定之前的调查、听证、讨论、请示、征求有关部门意见或者论证等。而多阶段行为则是一个行政事项分为多个阶段，每个阶段都是一个完整的行政行为。比如，《国有土地上房屋征收与补偿条例》第24条第2款规定，市、县级人民政府作出房屋征收决定前，应当组织有关部门依法对征收范围内未经登记的建筑进行调查、认定和处理。有关部门所作的调查、认定和处理，虽然发生在征收过程中，但其所作的处理却是完整的行政行为。该处理行为与征收决定即为多阶段行为。综上，过程行为通常不可诉，而多阶段行为应区别看待其可诉性。过程行为如果具有直接影响当事人权利义务的终局效果，则被称为内部行为外部化。比如，政府召开办公会议并形成会议纪要，其中载有认定某企业违法并予以关闭的内容。如果执法部门根据该纪要以自己的名义作出关闭某企业的决定，则会议纪要是执法部门所作决定的过程行为，不具有可诉性；如果执法部门将会议纪要直接送达相对人并要求其遵照执行，则会议纪要因为具有外部化的效果而具有可诉性。

层级监督指的是上级行政机关督促下级行政机关履行职责的情形。在这种情况下，相对人能否得到救济，主要就看下级行政机关的职责是否得到履行，也就是说，行政争议实质上主要存在于下级行政机关与相对人之间，如果层级监督行为可诉，起诉上级机关的监督行为距离真正的行政争议过于遥远，赋予诉权的意义不大。另外，层级监督权本质上属于组织法意义上的权力，旨在实现上级行政机关对下级行政机关的领导或者指导，保持行政体系的统一性。层级监督行为虽然可以有救济公民、法人或者其他组织的外部效果，但系一种反射利益，如果法律没有赋予其起诉的权利，则应认为不可诉。

（五）可诉行政行为既包括行政机关作出的单方行为，也包括双方行为和多方行为

所谓单方性指的是仅凭单方意志就可以作出决定，而双方

性和多方性则是指双方或者多方意志达成一致才能作出决定。

传统行政法理论将单方性看作行政行为的要件之一，这与政府当时的职能有关。早期政府主要承担秩序供给者这样的"夜警国家"角色，而完成这样的任务，最有效的方式就是命令、许可、处罚、强制等单方性的管制手段和高权方式。

现代社会对政府职能提出了更高的要求，除了有效的社会管理之外，还必须提供优质高效的公共服务。这些任务仅靠政府自身的力量难以完成，必须吸引社会参与，整合全社会力量。党的二十大报告提出，"健全共建共治共享的社会治理制度，提升社会治理效能""建设人人有责、人人尽责、人人享有的社会治理共同体"。要做到这一点，以行政命令为核心的传统执法方式显然无法适应，行政协议等以双方或者多方协商为基础的新的权力运作方式应运而生，并且应用日益广泛。我国的情况也是如此。长期以来，国家虽然没有制定行政程序法，但各地制定的行政程序法规或者规章越来越多地将行政协议[①]明确作为行政活动方式加以规范，其事关公共利益和相对人的切身利益，虽然是一种柔性行政方式，但也有"损益性"，如果得不到及时有效的救济，甚至比传统的强制方式有过之而无不及。2014年《行政诉讼法》第12条第12项将行政协议纳

[①] 地方规定多称之为"行政合同"。自2008年湖南省政府制定的行政程序规定在"特别行为程序和应急程序"一章中专辟一节，对行政合同加以规范以来，多数省级地方都制定了专门的行政程序规定，其中都有行政合同的专门规范。有的地方出台行政程序规定之时，2014年《行政诉讼法》已经颁布，但出于惯性，仍将行政协议称为"行政合同"。

入受案范围,体现了行政诉讼制度的与时俱进。这一发展不仅对行政诉讼制度意义重大,亦将使行政法的面貌发生巨变。①

行政机关签订的协议既有作为行政行为新类型的行政协议,也有民事合同,两者非常相似。行政协议属于可诉行政行为,其争议通过行政诉讼解决,而民事合同争议则由民事诉讼解决。因此,如何把握行政协议的基本特点,将其与民事合同准确区分开来,是行政审判必须解决的首要问题。在《行政诉讼法》没有给出行政协议定义的情况下,最高人民法院于2019年为审理行政协议案件"量身定做"的司法解释中,界定了行政协议的内涵和外延。按照该解释,行政协议与民事合同共同具有双方当事人必须协商一致的合同属性,同时又具有以下行政属性:一是协议一方恒为行政机关或者法律、法规和规章授权的组织;二是协议目的在于实现行政管理或者公共服务目标;三是协议内容具有行政法上的权利义务内容。在行政协议中,行政权的因素虽然不像一般行政行为那么强,但也体现出相当大的影响力,尤其是行政机关的特权行为实与一般行政行为无异。除了该解释强调的行政属性之外,对于作为协议另一方的公民、法人或者其他组织而言,行政协议可以影响其权利义务,"损益性"不言而喻。

---

① 行政协议进入行政诉讼受案范围将直接促进行政行为理论的发展。有学者认为,"以'单方决定'为核心内涵的行政处理和以'双方合意'为核心内涵的行政协议就是行政行为这一'上位概念'之下最具现实意义的一种分类"。参见章志远:《新行政诉讼法实施对行政行为理论的发展》,载《政治与法律》2016年第1期。

此外，行政协议的对象和内容都是具体的，而不是抽象的。行政协议的效力是外部的，而不是内部的。综上，行政协议符合本部分归纳的可诉行政行为的前述四个基本特征。关于行政协议的外延，司法解释采取务实的态度，将已有共识的行政协议类型列举出来，具体包括政府特许经营协议、土地房屋等征收征用补偿协议、矿业权等国有自然资源使用权出让协议、政府投资的保障性住房的租赁和买卖等协议、符合行政协议特点的政府与社会资本合作协议五种类型，外加一个兜底条款。那么，兜底条款如何界定，实践中仍有争议。笔者认为，可诉行政行为的前述四个基本特征，在此可作为基本判断依据。

（六）可诉行政行为既包括行政机关作出的涉及相对人人身权、财产权的行为，也包括涉及其他合法权益的行为

1989年《行政诉讼法》将可诉行政行为限定在认为行政机关侵犯人身权和财产权的情形。当时我国改革开放刚刚结束第一个十年，综合国力较弱，只能将人民的生存照顾作为民生首要目标。应当说，行政诉讼将其保护的权益限于人身权和财产权，是我国在当时所处历史发展阶段的合理选择。经过二十多年的发展，我国的综合国力已经得到了明显提升，人民对美好生活的期待越来越丰富。行政诉讼只专注于生存权保护，显然已经无法满足人民日益增长的需求，扩大行政

诉讼受案范围已成为大势所趋。

事实上，人民法院在行政审判中保护人身权、财产权之外的其他合法权益的探索早已开始。在 2014 年《行政诉讼法》修改之前，人民法院就已在相邻权、公平竞争权、劳动权、受教育权、环境权保护方面积累了很多有益经验。2014 年《行政诉讼法》在受案范围的规定中，将可诉行政行为保护的权益范围扩展为"人身权、财产权等合法权益"，既是历史的必然，也与这些司法经验的支持密不可分。

笔者认为，扩大行政诉讼权利保护范围的新规定应当从两个角度去把握。一是历史发展的角度。改革开放以来，我国经济建设取得了显著成就，但总体来看，仍属于发展中国家，与全面建成社会主义现代化强国的目标还有一定距离。我们只有通过不断发展和创新，使行政诉讼的救济渠道更为开放便捷，才能满足人民群众日益增长的美好生活需要。对人民群众合法权益提供充分周全的保护，是 2014 年《行政诉讼法》追求的目标，但其权利保护范围的扩大，应当是随着社会综合条件的不断发展而推进的历史过程。二是司法能动的角度。与旧法相比，2014 年《行政诉讼法》扩大权利保护范围之意自不待言，但扩大到哪里并无清晰的界线。"人身权、财产权等合法权益"中的"等"字，其通常文义为"表示列举未尽"，似乎所有的权利和合法利益都包括在内。但立法之所以如此规定，并非扩大到所有种类的合法权益，[①]而是为了给发展留下足够的空间。既然保护的范围不限于人身权和财产权，但又不是所有的合法权益，那就需要一个界定标准。按照《审理行政案件适用法律纪要》规定，其所概括的情形应为与列举事项类似的事项。目前的行政审判实践掌握的标准为，与人身权和财产权相类似的权利，主要包括相邻权、公平竞争权、劳动权、受教育权、环境权等具有人身权或者财产权内容的权利。随着中国式现代化的不断推进，国家有条件提供更大范围的权利保护时，行政审判就可以与时俱进，以司法能动增进人民福祉，把法律留下的权利保护发展空间，转化为人民群众的获得感、幸福感、安全感。

---

① 立法技术上，如果行政诉讼保护的范围涵盖所有种类的合法权益，那么2014年《行政诉讼法》第12条第12项就应是"认为行政机关侵犯其他合法权益的"。而不会表述为"认为行政机关侵犯其他人身权、财产权等合法权益的"。

二、行政诉讼原告资格之界定[*]

【审判经验总结】

原告资格标准包括两个层面：一是事实上权益受损的主张。这一标准包括四个关键词。"认为"致力于聚焦真正的争议；"自己的"将原告资格局限在受害人范围内；"合法权益"排除非法的和不重要的利益主张；"侵犯"则进一步排除损害与行政行为之间不可能形成因果关系的情形。二是规范保护。即原告主张的案涉利益为行政行为背后的行政法律规范所调整，行政机关作出行政行为时对此必须加以保护或者考虑。判断案涉利益是否应受保护，首先要尽可能在法律规范中寻找判断依据；如果找不到规范依据，而案涉利益又具有相当重要性，则看行政能否承受这种保护。

【正文】

"法院并不是一个可以自由进出的场所。"[①]为了避免权利

---

[*] 根据笔者在国家法官学院 2017 年全国法院立案系统高级法官培训班上，所作题为《行政诉讼的门槛》讲座中的部分内容整理。

[①] 参见章剑生：《行政诉讼原告资格中利害关系的判断结构》，载《中国法学》2019 年第 4 期。

救济给行政效率造成过大的冲击，各国行政诉讼制度均在起诉环节设置了一系列门槛，原告资格就是其中一个重要的门槛。我国现行《行政诉讼法》有两个条款规定了原告资格。一是按照第2条规定，原告是"认为行政机关和行政机关工作人员的行政行为侵犯其合法权益"的公民、法人或者其他组织。二是按照第25条规定，原告是"行政行为的相对人以及其他与行政行为有利害关系"的公民、法人或者其他组织。前者揭示了行政诉讼的主观诉讼特征，强调起诉人主观上认为自己受到了被诉行政行为的损害，即一种事实上权益受损的主张，重在为公众提供诉讼指引。后者主要为行政审判提供判断标准，强调原告主张的利益受到行政法律规范调整，行政机关作出行政行为时负有保护义务，至少也应予以考虑。两者结合起来才能完整把握行政诉讼的原告资格。

（一）事实上权益受损的主张

2014年《行政诉讼法》第2条规定中，需要特别注意"认为""自己的""合法权益"和"侵犯"等四个关键词，理解了它们，就基本掌握了该条规定的标准。

1."认为"

原告必须要"认为"行政机关及其工作人员的行政行为侵犯其合法权益。之所以强调"认为"，目的就在于聚焦真正的争议，剥离非真正的争议。

"认为"受到侵犯是一种主观感受的表达,但绝不是完全以个人主观感受为中心的任意表达,至少要听起来具有真实性。法院面对当事人"认为"受到侵犯的各种情形,要做的第一件事情就是,把那些听起来不具有真实性的受害主张过滤掉,把真正的争议留下来。比如,被许可人起诉行政机关发给自己的许可,其原告资格通常不会得到承认。因为他所想要的,行政机关已经予以满足,被诉行政行为对他而言是授益性的。此类案件中,起诉人"认为"自己遭受的所谓侵害,通常都明显不具有真实性。起诉人的主张往往是,行政许可申请不符合法定条件,行政机关如果依法不予许可,他的经营损失就可以避免。这种情况下,即使他的经营损失是真实的,也只能归咎于经营能力或者市场风险等因素,而不能归咎于准予许可。也就是说,"认为"准予许可造成其经营损失,完全是主观想象。当然,准予许可没有完全满足被许可人请求的,可能存在真实的侵害,此时原告资格就应予认可。

2."自己的"

起诉人的原告资格要得到认可,必须要认为行政机关及其工作人员的行政行为侵犯"其"合法权益,而"其"就是"自己的"。

"自己的",强调了行政诉讼受害人诉讼的特点。把握住这个特点,实践中的很多争议都可以迎刃而解。比如,投诉人的原告资格问题，实践中一度做法不一。根据 2018 年《行诉解释》规定，为维护自身合法权益向行政机关投诉的人具有起诉相关行政行为和相应不作为的原告资格。该解释的核心之处在于，投诉人具有受害人身份时才有原告资格。据此，购买了假冒伪劣商品的消费者投诉后，不服相关处理就可以起诉，因为他是受害人。没有购买假冒伪劣商品的人投诉后，不服相关处理就不可以起诉，因为他起诉的目的是维护他人的利益或者公共利益，而不是自己的利益，也就是说，他不是受害人。

"自己的"，还有一层意思，即起诉者主张的损害是与众不同的，是起诉者个人或者范围特定的人特有的损害，而非范围不特定的人或者公众的损害。也就是说，其主张的损害是个别的，而非普遍的。因为行政诉讼救济的对象主要是个体，而非全体或者部分公众。正如一位德国学者所说，"市民不应借助一个行政诉讼，把自己变成公共利益的'卫士'，并由此把行政法院卷入对公共利益的不同阐释之中"。[①]"自己的"这个标准在实践中有两方面的发展。

一是案涉人数众多但只要范围特定即可获得原告资格。行政行为涉及的人数越多，行政案件审理的难度往往也就越大。有的法院曾以损害不具有特定性，甚至被诉行为不是具体行政行为为由，将此类案件拒之门外。这种做法只在《行

---

① 参见［德］弗里德赫尔穆·胡芬：《行政诉讼法》，莫光华译，法律出版社 2003 年版，第 241~242 页。

政诉讼法》实施之初出现过,但很快就被一种新的共识所取代,即行政行为无论涉及多少人,主要看范围是否特定。范围不特定的多数人的损害就是普遍的损害,没有原告资格;范围特定的多数人的损害就是个别的损害,具有原告资格。比如,批准春运期间火车票涨价的决定面对的是全部公众,而公众的范围是不特定的,每个成员都受到该决定同样的潜在影响,谁也没有资格代表全体公众提起行政诉讼。但是购买了火车票的人就跟公众不同了,他的损害就是个别的。在一起案件中,法院承认了购票的乘客具有起诉火车票涨价决定的原告资格,引起了极大关注。[①]事实上,行政行为涉及的人数越多,就越接近公共利益。此案中,购票者的范围虽然特定,但涉及的人数以千万计。人数之巨大,每个购票者的损害与全体购票者的损害相比,几乎可以忽略不计,以一粟之小博沧海之大,使本案颇有些公益诉讼的意味。笔者认为,要求公众只有买张火车票才能获得原告资格,尽管看起来有点像"命令士兵们冲上山只是为了让他们再冲下山",[②]但这并非无用功,因为只要原告资格作为一道重要门槛仍然存在,买不买票就是一个本质性的差别。

二是公益诉讼的出现。随着科技进步和社会发展,实现公共利益越来越依靠积极行政,对行政合目的性的监督需要

[①] 参见乔某诉铁道部车票涨价决定案,载北京市高级人民法院(2001)高行终字第39号行政判决书。

[②] 参见[美]施瓦茨:《行政法》,徐炳译,群众出版社1986年版,第439页。

也越来越强烈,有些国家把行政诉讼也纳入监督的力量当中,主要办法就是放松原告资格传统标准的束缚,特定情况下承认私人在行政诉讼中主张公共利益,即提起公益诉讼的资格。美国法院创设了一种私人检察总长的理论,认为国会为了保护公共利益,可以授权检察总长对行政机关的行为申请司法审查,国会也有权以法律指定其他当事人作为私人检察总长,主张公共利益。[①]2017年,我国《行政诉讼法》第25条增加第4款规定,在生态环境和资源保护、食品药品安全、国有财产保护、国有土地使用权出让等领域,引入公益行政诉讼。与域外不同的是,我国《行政诉讼法》并没有赋予特定公民、法人或者其他组织提起公益诉讼的原告资格,而是赋予人民检察院针对不依法履行职责的行政机关提起诉讼的权利。

3. "合法权益"

原告必须要认为行政机关及其工作人员的行政行为侵犯自己的"合法权益",主要包含两层含义。

一是非法利益的主张将被排除掉。起诉人主张的利益应当"合法",至少其认为"合法"或者听起来"不违法"。比如,公安机关认定某人赌博并作出处罚决定,某人不服提起诉讼,但是并未实质否定处罚决定所认定的事实、适用的法律和程序,只是单纯地主张所谓的赌博权受到侵犯,则此案因缺乏诉的利益而没有进门的必要。

[①] 参见王名扬:《美国行政法》,中国法制出版社1995年版,第623页。

二是主张的损害内容包括权利和利益，而利益应当具有相当的份量。"合法权益"包括权利和利益。这里的利益享有与权利相同的待遇，其重要性自然不能与权利相差太远。比如，某甲购买房屋后办理了房屋转移登记，但房屋所附的宅基地没有随之办理转移登记，故未取得土地使用权证。此后，行政机关出让相邻土地时，某甲认为其部分宅基地被划入其中，遂提起行政诉讼。关于原告资格问题，原审法院存在很大分歧。一种意见认为，按照不动产物权规则，起诉人没有办理土地登记手续就不是土地使用权人，也就没有原告资格。另一种意见认为，作为争议土地的实际使用者，与被诉行政行为有其他公民所不具有的特别的利害关系，应当认可其原告资格。最高人民法院最终支持第二种意见。[①] 笔者认为，土地实际使用人之所以具有原告资格，根本原因在于其实际使用土地的利益与地上房屋所有权的重要性相似，在法律上应受到同等保护。按照房地不分的不动产物权规则，房屋转让时，其附着的土地应当一同转让。

利益具有相当份量意味着，不那么重要的利益将被排除。人是一种社会动物。[②] 和谐的社会关系对于每个人都至关重要。为维持社会和谐，每个人都应当容忍一些较小的"不利

---

① 参见《最高人民法院关于土地实际使用人对行政机关出让土地的行为不服可否作为原告提起诉讼问题的答复》（〔2005〕行他字第 12 号）。
② 参见［古希腊］亚里士多德：《政治学》，吴寿彭译，商务印书馆 1983 年版，第 7 页。

益",比如与个人兴趣、好恶、偶然机遇等有关的"不利益"。例如,某人起诉建设购物中心的行政许可,如果他的理由仅是不喜欢热闹,就不足以支持其获得原告资格。

4."侵犯"

原告必须要认为行政机关及其工作人员的行政行为"侵犯"自己的合法权益。"侵犯"一词表明,被诉行政行为与起诉人主张的损害之间具有形成因果关系之可能。

世界是普遍联系的。亚马逊的蝴蝶扇动几下翅膀,可能引起美国南部的一场龙卷风。"蝴蝶效应"这样的小概率事件,应当从利害关系中排除掉。比如,甲市行政机关决定砍伐某街道两旁的梧桐树,相距百余公里外乙市一位公民提起了诉讼,理由是破坏了大气环境,最终会影响到他的身体健康。这里主张的损害与行政行为之间的关系,根据一般经验可以判断其为小概率事件。

因果关系意味着原因行为引起损害结果的可能性足够大,能够为一般理性所预见。2018年《行诉解释》第12条第1项"被诉的行政行为涉及其相邻权或者公平竞争权的"中的"涉及"两字,就是强调在事实层面上具有能够为一般理性所预见的损害可能性。以相邻权为例,批准建设的高楼旁边有居民楼,距离很近,相邻权受到损害的可能性很大,这就是"涉及"相邻权。如果批准建设的高楼和居民楼间隔很远,且两者之间还有好几排建筑,则相邻权受到损害的可能性基本为零，行政行为就不涉及相邻权。之所以强调"可能"形成因果关系，是因为还没有进行实体审查。假设原告起诉的行政行为确实违法，则其主张的损害就很可能出现，如此则事实层面的利害关系就成立了。

（二）规范保护

2014年《行政诉讼法》第26条规定的"利害关系"是法院用来确定原告资格的一个核心标准，其准确的理解和适用需要借助规范保护理论。

1. 规范保护与利害关系

规范保护指的是行政法律规范要求行政机关对于行政行为涉及的个体利益应当予以保护。一般来说，行政行为以实现公共利益和客观秩序为目的，相应地，行政机关在作出行政行为过程中承担的职责主要是针对公众而言。[①] 对于行政行为影响到的个体，行政机关是否负有保护的义务，就看相关行政法律规范是否要求行政机关保护。而纳入相关行政法律规范保护，一方面意味着行政机关对个体利益负有保护义务，另一方面则意味着个体享有请求行政机关予以

[①] 英美传统的"公共义务原则"甚至认为，行政机关依法作为之义务，乃是国家对公众所负之义务，并非对国民个人所负之义务。参见林惠瑜：《英国行政法上之合理原则》，载城仲模编：《行政法之一般法律原则（一）》，我国台湾地区三民书局1999年版，第189页。

保护的权利。①

个体依法享有的请求行政机关予以保护的权利，就是诉权的基础。起诉人主张的不利影响只有在行政法律规范的保护范围时，其与被诉行政行为之间才具有2014年《行政诉讼法》规定的"利害关系"，也因此才具有原告资格；如果个体虽然受到行政行为的影响，但行政法律规范并不要求行政机关予以保护，则个体受到的影响就不过是一种反射利益或者间接影响，此时起诉人与行政行为之间就没有利害关系，从而也就不具备对该行为提起诉讼的原告资格。

2. 规范保护的内涵

行政法律规范对案涉利益的态度大致可分为三种情形：一是确定无疑地属于保护范围。比如，从规划法有关建筑间距的要求，就可以知道相邻权已经纳入规划管理规范的保护范围，作出规划许可决定时行政机关必须予以考虑。二是确定无疑地不属于保护范围。比如，某甲在防洪通道上违法建设的房屋被河道管理部门强制拆除后，以河道管理部门未按照规定定期巡查，致使其违法建设未被及早制止，造成建设投入损失为由提起诉讼，其原告资格不应得到认可。因为河道管理部门巡查的目的是保护河道，而不是保护其为从事违

---

① 大陆法上将此种权利称为主观公权利，指的是公法赋予个人为实现其权益而要求国家为或者不为特定行为的权能。参见［德］哈特穆特·毛雷尔：《行政法学总论》，高家伟译，法律出版社2000年版，第152页。

法建设而投入的利益。三是是否属于保护范围为可争辩的问题。法律对案涉利益的态度，多数都是此种情形，因此，原告资格不断扩展也主要体现在这个领域。

从世界范围来看，各国的原告资格起初都是法律利益标准，即行政机关侵害当事人的行为，只有在法律上具有侵权性质（a legal wrong）的时候，当事人才能请求法院审查。比较典型的是德国学者奥托·迈耶所倡导的"法所保护的利益说"，他认为，起诉资格之所以要把权利侵害作为要件，是因为作为诉的利益至少要求侵害了法所保护的利益。[①]

20世纪70年代以后，美国在原告资格问题上开始采用利益范围标准。据此，当事人的利益不需要是法律特别规定或特别保护的利益，只要有可能主张处在法律规定或调整的利益范围以内，在这种利益受到侵害时，就可请求司法保护。"范围"一词，大大地扩张了具有请求司法审查资格的人的范围。[②]德国界定主观公权利与客观法的单纯反射效果的主要标准是行政法律规范的保护目的。如今，"考察保护目的的根据并非立法机关的主观意图，而是客观的利益权衡"。[③]因此，在主张的利益是否属于保护范围为可争辩的领域中，原告范围通过能动司法得以不断拓展。

---

① 参见[日]原田尚彦：《诉的利益》，石龙潭译，中国政法大学出版社2014年版，第261页。

② 参见王名扬：《美国行政法》，中国法制出版社1995年版，第635页。

③ 参见[德]汉斯·J.沃尔夫等：《行政法》（第一卷），高家伟译，商务印书馆2002年版，第506页。

我国行政诉讼的原告资格，也经历了类似由窄到宽的发展过程。1991年《行诉解释》规定的原告资格标准是"与被诉具体行政行为有法律上的权利义务关系"，原告范围限于特定法律规范明确保护的情形，大致相当于上述三种情形中的第一种。甚至有一种观点认为，原告仅限于相对人，即行政决定上确定的那个人。①

2000年《行诉解释》将原告资格标准修改为与行政行为有"法律上利害关系"之后，规范保护的范围就从明确保护的情形扩展到了"可争辩"保护的情形，也就是上述三种情形中的第三种。该解释列举的原告资格的具体情形中，"要求主管行政机关依法追究加害者法律责任的"，赋予受害人原告资格，而受害人的利益是否应予保护就是一个"可争辩"的问题。行政机关追究加害人的法律责任时，如果特定规范要求行政机关对侵权事件作出裁决，比如责令加害人对受害人予以赔偿或者以某种方式弥补损失，则特定规范对受害人的保护是明确的。但是这种情况并不多见，行政机关依法一般只能对加害人作出处罚等不利处分。有一种意见认为，对加害人无论是罚多少钱、关多少天，都不能给受害人带来直接的好处，给予受害人原告资格没有必要。有学者据此认为，要求行政机关履行对加害人进行查处或者加重处罚的职责系单纯基于复仇心态的，不足以支持受害人获得提起行政诉讼

---

① 参见最高人民法院行政审判庭编：《〈关于执行《中华人民共和国行政诉讼法》若干问题的解释〉释义》，中国城市出版社2000年版，第26页。

的原告资格。[①]这一观点具有合理性,应予赞同,但也应注意到实践情况的复杂性。有时会出现混合的情况,也就是要求处理加害人,既是复仇心态的体现,也可能事关受害人利益的增减得失,在此情况下,受害人的原告资格应当得到认可。比如,治安案件中,对加害人的不利处分,常常可为受害人求偿创造重要基础,故早在《行政诉讼法》实施之初,治安管理领域出现起诉不履责案件即被纳入受案范围。另外,虚假广告或者假冒伪劣产品的受害人起诉行政机关不履行监管职责的原告资格,在一些案件中已经开始得到法院认可。[②]这些探索非常值得关注。

2014年《行政诉讼法》第26条规定的"利害关系"吸收了2000年《行诉解释》"法律上利害关系"的思想内涵。2018年《行诉解释》第13条在否定普通债权人原告资格后,规定"但行政机关作出行政行为时依法应予保护或者应予考虑的除外",在明确引入规范保护理论并将其作为"利害关系"的解释基准的同时,保留了相当的灵活性。一是规范保护不仅包括法律要求行政机关予以保护的情形,也包括要求行政机关予以考虑的情形。二是"依法应予保护或者应予考虑"的立法语言,意味着有较大的判断余地和解释空间,法

[①] 参见霍振宇:《举报投诉人行政诉讼原告资格探讨——兼论行政诉讼原告资格的判断方法》,载《法律适用》2019年第6期。

[②] 参见彭某某诉上海市工商局不履行法定职责案,载《最高人民法院公报》2003年第5期。

官据此可以将值得法律保护的利益[①]纳入"利害关系"的范围，为原告资格的进一步拓展创造了条件。

3. 受规范保护的利益之界定

随着规范保护理论的引入，尤其是"可争辩"的规范保护纳入原告范围之后，原告资格的边界也因此变得更不清晰，需要进一步厘定。笔者认为，利益范围的厘定，大致有两个步骤。

一是在法律规范中寻找判断依据。判断案涉利益是否应予保护，应当从法律整体来考量，不仅包括直接规范行政行为的法律，也包括在其他法律中可用于特定行政管理事项的规范。比如，原《物权法》第191条第2款规定："抵押期间，抵押人未经抵押权人同意，不得转移抵押财产，但受让人代为清偿债务消灭抵押权的除外。"[②]在该法生效期间，登记机构为设抵押的房屋办理转移登记时，就必须要申请人提供抵押权人同意或者受让人已经代为清偿的证明，以保护抵押权。尽管该规定并未写在行政机关的登记规则中，亦应根据该规定的要求提供保护。

二是看行政能否承受案涉利益的保护。如果法律规范中

[①] 日本的行政诉讼原告资格标准有法律上保护的利益说和值得法律保护的利益说，实务界倾向于前者，理论界倾向于后者。从实践发展的情况看，法律上保护的利益说已经开始与法律上值得保护的利益说趋同。参见[日]盐野宏：《行政法》，杨建顺译，法律出版社1999年版，第342页。

[②] 《民法典》对该条规定作了较大修改。根据修改后的规定，过去抵押权人提起行政诉讼的情形基本都可以通过民事诉讼加以解决。

没有要求行政机关保护案涉利益的条款，此种利益又具有相当重要性，关键就看行政的承受能力。对于起诉人主张的案涉利益，行政如果有能力予以保护，即认可其原告资格；如果不能承受则不宜作为原告资格的基础。比如，行政机关批准国企改制的决定中涉及批准拆除设抵押房产的内容，抵押权人是否可以起诉？国企改制的有关规范中并无具体规定，原《担保法》和正在实施的《民法典》亦无可以适用的规定，但是抵押权作为担保物权，其重要性应当得到行政机关的尊重，且房产抵押依法须经登记，行政机关只要适当注意即可避免侵权，并非不可承受之重，故起诉人的原告资格应得到认可。[①] 再如，对于废弃旧火车站的行政决定，周边业主以地产价格受到不利影响为由提起诉讼的，法院目前的通行做法是以其不具备原告资格为由不予立案或者驳回起诉。因为地产价格波动属于旧火车站废弃带来的反射利益，要求行政规划予以保护的必要性并不充分，加之它往往难以计算且规模庞大，属于行政规划难以承受之重。如果纳入保护，行政规划将寸步难行。

行政机关对债务人作出不利处分后，债权人可否提起行政诉讼，长期以来在很多行政领域都是令人困扰的难题，以至于2018年《行诉解释》设专条加以规范。该解释第13条

[①] 参见金创公司诉离石区政府拆除房屋、拍卖机器申请再审案，最高人民法院（2020）最高法行再67号裁定书。该案原告即是抵押权人，其原告资格问题各方均无争议，故法院未将其作为焦点问题加以审查，而是直接予以认可。

规定:"债权人以行政机关对债务人所作的行政行为损害债权实现为由提起行政诉讼的,人民法院应当告知其就民事争议提起民事诉讼,但行政机关作出行政行为时依法应予保护或者应予考虑的除外。"之所以否定普通债权人的原告资格,是因为保护相对人的债权人是行政无法承受之重。市场主体负债经营是一种常态,如果要求行政机关对市场主体作出不利处分之前,要保证其债权人的利益不受损害,则行政必然举步维艰,其结果只能是削弱甚至放弃监管。因此,普通债权不能成为原告资格的权利基础。有些具有特殊性的债权,对其予以保护是行政可以承受的。比如,债权人起诉登记机构为债务人所办房屋转移登记的案件,如果法院为该债权的实现,已对房屋采取了保全措施并已记载于登记簿,则该债权已具有一般债权所不具备的特殊性,且登记机构掌握着登记簿,有条件也有能力提供相应的保护。故这种债权足以支持债权人提起行政诉讼。

判断原告资格,需要特别注意其主张的是什么利益。主张的利益不同,结果可能完全不同。比如,继承人起诉被继承人结婚登记的案件中,如果其主张继承权受到侵犯,则没有原告资格。[1]因为婚姻自主是婚姻法上最重要的原则,如

---

[1] 比如,女儿因遗产份额减少而起诉婚姻登记机关为父亲与继母办理结婚登记的案件中,法院以被继承人的身份关系不应当由于继承权的关系而受影响,继承权人没有原告资格为由,裁定驳回起诉。参见耿宝建:《裁判的方法》,人民法院出版社2016年版,第605页。

果考虑继承人的意见，则婚姻自主必然被大大削弱，故保护继承权对于婚姻登记制度来说，是不可承受之重。如果在被继承人已经死亡的情况下，继承人主张被继承人被骗取登记，其对婚姻登记并不知情，此时主张的是被继承人的婚姻自主权，无疑属于婚姻登记制度的保护范围，故按照《行政诉讼法》第 25 条第 2 款规定，继承人有代其起诉的权利。①

---

① 参见《最高人民法院行政审判庭关于婚姻登记行政案件原告资格及判决方式有关问题的答复》（〔2005〕行他字第 13 号）。

三、超越职权的基本形态和具体情形[*]

【审判经验总结】

超越职权的基本形态包括执法资格瑕疵和授权规范瑕疵。执法资格瑕疵包括没有事项管辖权、没有级别管辖权和没有地域管辖权三种具体情形;授权规范瑕疵则包括授权规范缺失、授权规范抵触上位法和授权不够明确三种具体形态。

【正文】

习近平总书记说:"各级政府一定要严格依法行政。切实履行职责,该管的事一定要管好、管到位,该放的权一定要放足、放到位,坚决克服政府职能错位、越位、缺位现象。"[①] "该管的事""该放的权"体现的就是法律保留之要求。

---

[*] 根据笔者在中国法学会"百名法学家百场讲座"(2015)、国家应急部全国应急系统法制主管领导培训班(2019)、宁夏自治区党委组织部全区市长厅长培训班(2015)、石嘴山市委理论学习中心组扩大学习会(2015)就行政诉讼法的新精神、依法行政的基本要求等专题所作讲座整理。整理中参考了笔者所写的《行政审判中职权审查的九个问题》一文,载《人民司法》2011 年第 15 期。

[①] 参见习近平:《在十八届中央政治局第十五次集体学习时的讲话》(2014 年 5 月 26 日),载中共中央文献研究室编:《习近平关于全面依法治国论述摘编》,中央文献出版社 2015 年版,第 60 页。

法律保留是依法行政的根本要求。根据法律保留原则，行政机关只有在取得法律授权的情况下才能实施相应的行为。[①]因此，法律保留往往被称为职权法定，或者表述为"法无授权不可为"。人民法院审查被诉行政行为的合法性，首先就是进行职权审查，即审查行政机关作出的行政行为，尤其是有能力造成相对人利益增减得失的行政行为，是否有法律授权为依据。职权审查影响所及，常常透过行政审判外溢到行政执法领域，甚至最终影响到行政立法，所谓"行政审判无小事"由此可见一斑。如果法官对超越职权的形态和情形缺乏精准把握，不仅个案会出现偏差，而且对司法审查和行政执法也可能产生系统性影响，这就对行政审判提出了很高的要求。此为本部分研究的由来。笔者认为，职权审查不仅包括被诉行政行为有无法律授权的判断，还包括授权规范可适用性的判断。相应地，超越职权包括执法资格瑕疵和授权规范瑕疵两种基本形态。进一步归纳，两种形态之下各有三种具体情形，其内容如下。

（一）执法资格瑕疵

执法资格瑕疵包括没有事项管辖权、没有级别管辖权和没有地域管辖权三种情形。

---

① 参见［德］哈特穆特·毛雷尔：《行政法学总论》，高家伟译，法律出版社2000年版，第104页。

1. 没有事项管辖权

大部制改革前,"一事一部"甚至"一事数部"的部门职权设定方式带来的职权分散交叉问题比较严重。[①] 反映到行政审判中的突出现象就是,事项管辖权争议在法律问题的请示当中,占比一度居高不下。概括起来,此类问题大致有两种:一是事权归谁之争。案涉职权到底属于甲行政机关还是乙行政机关。比如,工商部门对金融机构的不正当竞争行为作出处罚决定,银监会认为应由自己处理,工商部门无权处罚。二是事权有无之争。即案涉事项是否应被纳入特定的职权范围。比如,质检部门以食品卫生监督机构未经计量认证为由作出处罚决定,卫生部门认为食品卫生监督机构不属于《计量法》的调整范围,无须纳入计量认证。笔者认为,此类问题形式上是司法判断,但实质上涉及法院对行政权力的分配或者再分配可以介入到什么程度以及司法权与行政权的关系,这就要求行政法官必须要有高站位和全视野。实践中,处理事项管辖权争议应当注意做到以下几点。

一是正确运用法律适用规则。职权问题多体现为授权规范不一致,按照法律位阶秩序运用相应的规则,就是最基本的方法。比如,医院用工业氧代替医用氧,这既是一个受《产品质量法》调整的产品质量问题,也是一个受《药品管理法》调整的药品管理问题,前者由工商行政管理部门管辖,

---

[①] 参见应松年:《简政放权的法治之路》,载《行政管理改革》2016年第1期。

后者由药品监督管理部门管辖。两法的关系是一般法与特别法的关系，因此，由药品监督管理部门管辖更为合适。[①]还有一点亦须注意，切忌望文生义。要合理运用多种解释方法对授权规范进行多维度分析，在相互印证、比较中寻找最佳的解释方案。十多年以前，很多市县政府曾经出台文件，将涉企业房地产抵押登记事项交由工商行政管理部门负责。对此种做法，建设部予以反对，曾经专门出台规章，将房地产抵押登记规定为建设部门的职责。在一些案件中，这个问题曾有过涉及，而生效判决多采肯定态度。理由是：《城市房地产管理法》第62条第1款规定："房地产抵押时，应当向县级以上地方人民政府规定的部门办理抵押登记。"该条规定为市县政府的文件授权提供了充分的法律依据，建设部规章与之相比是低位阶的规范，不足以否定工商行政管理部门的事项管辖权。笔者认为，这种观点满足于具体法条的文义解释，没有把法律作为一个整体加以分析，失之片面。《城市房地产管理法》第62条"县级以上地方人民政府规定的部门"中的"部门"都包括哪些？该规定并未划定范围。但是，将该规定理解为地方人民政府可以任意规定，以致于统计局、教育局、文化局等与房地产管理毫无关系的部门都可以办理房地产抵押登记，显然也是令人费解的。抵押登记规定在《城市房地产管理法》中，属于广义的房地产管理事项，故而将抵押登

[①] 参见《最高人民法院关于工商行政管理部门对医疗机构购买工业氧代替医用氧用于临床的行为是否有处罚权问题的答复》(〔2003〕行他字第8号)。

记的事权赋予可能成为房地产管理部门的行政机关，就是最为符合行政事理和常识的选择。据此再看《城市房地产管理法》，就可以发现该法第 7 条第 2 款规定为我们提供了更为精确的解释依据。按照该规定，可以成为房地产管理机关者有建设行政管理部门和土地行政管理部门两类，故房地产抵押登记机构亦应在此范围之内确定。

二是要保持适当的司法谦抑。行政诉讼遇到的职权争议虽然通常会以法律适用的形式出现，但仅靠单纯的法律适用技术是不够的，必须对相关行政领域的知识有足够的了解。对其背景的把握，既要有准确性，又要有整体性。

法律设定行政权力或者职责时，如果没有明确规定由哪个行政主体行使，[①]则该权力在行政系统内部所进行的二次分配，通常由最高行政机关或者高层行政机关决定。在某种意义上，事项管辖权的进一步确定，是行政机关的"家务事"。尽管法律上对事项管辖权的司法判断并无明文限制，但考虑到这种判断具有裁决职权争议的效果，介入了行政权的二次分配，尤其是会有高层行政机关之间意见不一致甚至对立的情况，则这种判断带给行政执法的影响将是全局性的，必须慎之又慎。

在实体判断中，要在行政领域仔细寻找依据。如果法律、法规上找不到过硬的依据，则应注意最高行政机关和高层级

[①] 比如规定由房地产管理部门行使某种职权，而现实中房地产管理部门曾经对应着土地部门、建设部门和规划部门。

行政机关的意见。比如，对产品质量问题，工商行政管理部门和技术监督部门都曾有权管辖，两者界线如何划分？国务院办公厅有两份文件作出了明确表态，生产环节由技术监督部门负责，流通领域由工商行政管理部门负责。考虑到国务院办公厅作为国务院办事机构，具有代表国务院表达意见的特殊地位，法院最终据此作出了判断。① 再如，城市燃气管网建设工程本由建设部门负责，但"西气东输"工程建设已由国家作出特殊安排。国务院通过2000年专题会议"要求国家计委牵头成立'西气东输'工程建设领导小组，协调'西气东输'工程中的上下游衔接，落实市场和相关政策"之精神，地方政府亦明确各级计委为"西气东输"利用工作的责任联系单位。法院据此认定计委有权参与"西气东输"利用工作。②

此外，高层级行政机关之间如果就事项管辖问题存在共识，如无明显不妥，也可以成为判断依据。比如，20世纪90年代，关于食品卫生监督机构是否属于《计量法》调整范围以及是否须经计量认证的问题，国家技术监督局认为，食品卫生监督机构属于《计量法》调整的"为社会提供公证数据的产品质量检验机构"，应当进行计量认证。而卫生部则认

---

① 参见《最高人民法院关于如何认定质量监督检验检疫部门在产品流通领域中行政管理职权问题的答复》（〔2003〕行他字第15号）。
② 参见最高人民法院（2004）行终字第6号行政判决书和本书第二部分"经典案例分析"中的第13个案例《情况判决的适用条件》。

为，食品卫生监督机构是根据《食品卫生法》设立的负责卫生监督管理的执法机构，不是"为社会提供公证数据的产品质量检验机构"，无须计量认证。而事实上，两个部门此前曾经共同下发文件，认为食品卫生监督机构不是"为社会提供公证数据的产品质量检验机构"，但其用于检验的器具属于计量器具，需要按照《计量法》进行计量检定。两部门形成的共识显然比后来各执一端的不同意见更值得参考。因此，法院最终以此为据作出了判断。①

三是既要积极履行司法职责，又要充分尊重有关机关的权威判断。在行政审判中，法官对于事项管辖权争议作出的初步判断，要先看有无类案；如果没有类案或者与类案观点不一致，则看该问题的影响性；如果具有较大影响，则应考虑是否征求立法机关或者行政立法机关的意见；如果对所涉法律规定不一致等问题仍然难以作出决断，可以考虑按照立法法规定，送请有权机关裁决。

2. 没有级别管辖权

行政事项由哪一级别的行政机关承担或者哪几个级别的行政机关分担，是根据行政事项的性质和重要性决定的。通常来说，低层级机关管辖大量的较为具体或者重要程度较低的事项，高层级行政机关则管辖较为宏观或者重要程度较低

---

① 参见《最高人民法院对人民法院在审理计量行政案件中涉及的应否对食品卫生监督机构进行计量认证问题的答复》（法行〔2000〕29号）。

的事项。例如，国家为加强耕地保护，维护国家粮食安全，曾经将征地批准权上收到国务院和省政府。其后，又因为"放管服"改革，将国务院有权批准的土地征收审批事项委托部分省、自治区、直辖市人民政府批准。总体来说，被告行政机关不符合级别管辖的规定，具备以下三种情况之一即可被认定为超越职权：

一是行使上级行政机关的事项管辖权。法官对此一般不难作出判断，常常难在权衡。比如，关于计量罚款权的分配，有关行政法规规定，超过1万元罚款的处罚决定应报省级计量部门作出。该行政法规出台时，罚款1万元以上的案件较少，但随着经济社会发展，罚款1万元以上的案件大量增加，有的地方为减轻省级计量部门的办案压力，出台地方性法规将管辖级别下调至县级计量部门。行政审判中曾有观点认为，行政法规明显滞后于现实需要，适用地方性法规更为合理，但最终还是因为明显抵触上位法而没有采纳。[1] 笔者认为，即使上位法管辖规定确实不合时宜，需要变通，[2] 亦应按照法治思维和于法有据的要求来进行（比如立法机关授权调整管辖）。置上位法明确规定于不顾，径行作出相反规定，则会触碰法律底线和法治红线，此风断不可长。

---

[1] 参见《最高人民法院关于对计量违法行为处一万元以上罚款的决定是否受〈计量法实施细则〉第六十条调整的请示的答复》（〔2000〕行他字第17号）。

[2] 自2009年以来，行政法规《计量法实施细则》已先后进行了四次修改，但级别管辖至今仍未改变。

二是否定上级行政机关的行政行为。按照行政行为效力理论,在行政行为存续期间,其他行政机关不得作出与其相反的行政行为。为维护法治统一,上级行政机关可以纠正下级行政机关错误的行政行为,但下级行政机关不可否定上级行政机关的行政行为。因此,下级行政机关否定上级行政机关的行政行为也构成超越职权。有些情况下,下级行政机关的行政行为会导致上级行政机关所作的行政行为丧失基础,在此情况下否定上级行政机关丧失基础的行政行为,是否构成超越职权?比如,1986年《土地管理法》授权县政府颁发农村宅基地使用证,同时授权乡政府解决宅基地纠纷并作出确权决定。而乡政府的确权决定既可能与县政府颁发的宅基地使用证一致,也可能不一致。有的乡政府在确认争议土地归无证一方使用的同时,宣告宅基证无效或者撤销证书。行政审判对下级行政机关否定上级行政机关行政行为的做法的合法性,曾有很大分歧。最高人民法院认为,乡政府有权对争议土地作出确认,但认定县政府颁发的宅基地使用证无效或予以撤销的行为,构成超越职权。[①]笔者认为,乡政府确权决定对县政府颁证行为的基础事实的否定,源自法律特别授权,故此种情形不宜认定超越职权。但是即便在此种情况下,县政府颁证行为在形式上仍有其效力,乡政府作为下级行政机关无权予以撤销废止,报告县政府请其自行撤销废止

---

① 参见《最高人民法院关于〔1996〕豫法行字第6号请示的答复》(〔1997〕法行字第2号)。

更为合适。

三是行使下级行政机关的专属管辖权。上级行政机关将原本确定下级行政机关管辖的事项进行调整，提上来由自己管辖，或者处理某些个案，法律上一般都留有相应的空间。[①] 即使法律没有明确规定，在现有行政体制下，亦不属于超越职权。但是如果行政事项由下级行政机关专属管辖，情况就不同了。比如，治安由公安机关专属管辖，征税由税务机关专属管辖，所属地方人民政府即使是它们的上级行政机关，亦不得代行相关权力。

3. 没有地域管辖权

地方行政机关管辖本级人民政府所辖区域内的特定行政事项，这是地域管辖的一般原则。行政地域管辖范围与行政区划相一致，既有利于行政机关履责，也方便人民群众办事，具有重要的意义。因此，地域管辖也是职权审查的一个方面。地域管辖的规定比较清晰，判断难度不大，行政审判中问题较少。近年来，随着经济社会的迅速发展，行政对象跨地域的现象越来越常见。比如，企业向河流排污，可能污染沿河流域的多个地方，相应也会有多个环保部门地域管辖适格。再如，一家超大公司的业务动辄覆盖数省甚至全国，如果其产品或者服务出现问题，影响的范围更大，地域管辖适格的

[①] 法律的授权规定通常采用"县级以上人民政府"或者"县级以上人民政府某部门"的表述，行政事项到底由哪一级政府承担，一般由上级人民政府确定。

行政机关更是多得难以胜数。在行政对象跨地域的情况下，由众多行政机关按照各自的地域管辖范围进行处理，则成本高而效率低，而集中至一个或者几个行政机关管辖则是更好的选择。行政审判在这个问题上并不墨守成规，对方便案件处理的突出需要可予充分考虑，但应坚持的底线是，集中管辖必须经共同上级行政机关指定。

（二）授权规范瑕疵

授权规范瑕疵有授权规范缺失、授权规范与上位法相抵触、授权不够明确三种情形。

1. 授权规范缺失

2014年《行政诉讼法》第34条第1款规定："被告对作出的行政行为负有举证责任，应当提供作出该行政行为的证据和所依据的规范性文件。"其中，"所依据的规范性文件"就包括授权规范。如果授权规范缺失，则在构成超越职权的同时，也可能构成适用法律法规错误。

授权规范缺失最典型的情况是，被诉行政行为没有任何规范性文件作为授权依据，此种情形判断起来比较容易。随着依法行政的全面推进，此种明显的违法情形越来越少见，更多的是授权规范形式上有，但实质上不可用。其具体表现主要有两类：

一是设定权瑕疵。目前对设定权作出专门规定的行政行为有行政处罚、行政许可、行政强制（包括强制措施和强制执行）。如果低层级的法设定了高层级的法才能设定的处罚、许可、强制，或者规范性文件设定了任何种类的处罚、许可、强制，都将导致该规范不可适用，而根据该规范作出的被诉行政行为也将被认定为超越职权。除设定权的专门规定外，《立法法》第11条规定的法律保留事项对相关行政行为的设定亦有限制作用。比如按照该条第6项规定，税种的设立、税率的确定和税收征收管理等税收基本制度只能由法律作出规定，如果法律以下的规范作出创设规定，则此设定权瑕疵将导致据此作出的被诉行政行为被认定为超越职权。

二是重大程序瑕疵。所谓重大程序瑕疵指的是影响规范效力或者可适用性的程序问题。比如，有些法律规范或者规范性文件未经依法报批、公布则不生效。如果存在重大程序瑕疵的法律规范或者规范性文件中有授权性条款，即授权行政机关作出不利处分，限制、剥夺公民、法人或者其他组织的合法权益，则这样的条款不具有可适用性。如果适用将导致行政行为被认定为超越职权。

2.授权规范与上位法相抵触

上位法作出授权规定后，下位法作出的规定如有根本不同，则构成抵触。此时，根据下位法作出的行政行为构成超越职权。下位法抵触上位法不可用，这在观念上毫无问题，但实践中由于常常牵扯较大而复杂的利益，审判一线往往难以作出决断。比如，1992年的一起路政管理行政案件中，行政机关根据省政府规章的授权规定，扣押了拖欠公路规费的个人营运车辆。同样的情形，当时国务院行政法规已有规定，其规定的处理方式只有责令补缴规费并处罚款，而无扣押车辆。省政府规章与国务院行政法规明显不一致。行政审判中有一种意见认为，尽管省政府规章存在一定问题，但其可适用性不宜否定。主要理由是：逃避公路规费征收的现象泛滥，责令补缴规费并处罚款已不足以遏制，省政府规章授权扣押车辆具有合理性。事实上全国已有二十多个省级地方出台了类似规定并已实施了较长时间，如果否定省政府规章，则据此作出的数量庞大的扣押行为可能遭到质疑，从而对行政秩序造成较大冲击。最高人民法院经研究认为，即使存在上述风险，亦应按照法律统一性的要求，优先适用国务院的行政法规。[1] 笔者认为，对此类问题，应当坚持法律效果、社会效果和政治效果相统一的原则，作出慎重稳妥的判断。同时必须牢记"维护国家法治统一是严肃的政治问题"[2]，如果对下位法抵触上位法的做法不予纠正，可能导致中央政令不畅。因此，在三个效果中，法律效果是基础，一定要守住底线。

---

[1] 参见《最高人民法院关于人民法院审理行政案件对缺乏法律和法规依据的规章的规定应如何参照问题的答复》（法行复字〔1993〕第5号）。

[2] 参见习近平：《在十九届中央政治局第三十五次集体学习时的重要讲话》（2021年12月6日），载《习近平谈治国理政》（第四卷），外文出版社2022年版，第302页。

"如果认可行政机关单方面超越法律、法规规定的职权,那就是承认行政机关可以违法,可以自己最后决定自己权力的范围,这样,法律对于行政机关权力范围的规定,就变得毫无意义,法治将不复存在。"[1]最高人民法院此后办理了多件类似的请示案件,裁判理念始终连贯一致。

对上位法的授权规定,下位法虽然不能抵触,但可以根据实际情况作出执行性或者解释性规定。下位法就上位法的授权事项所作的规定,到底是创设性规定,还是执行性抑或解释性规定,常常成为一个关键问题。比如,对某种违法行为,上位法规定作出"违法所得3倍以下的罚款",下位法的规定为"违法所得1倍以上3倍以下罚款"。是否构成下位法与上位法的抵触?有人认为,下位法设定的罚则包含在上位法的范围内,属于结合本地实际对上位法规定的具体化,并不构成抵触。最高人民法院经研究认为,下位法改变了上位法确定的罚款幅度,构成对上位法的抵触。[2]笔者认为,最高人民法院的观点符合法律解释规则,更为可取。从语义来看,处罚幅度包括上限和下限两个要素。上位法的罚款下限为零,下位法将罚款下限改为违法所得的1倍,实际上提高了罚款标准。

---

[1] 参见姜明安主编:《行政法与行政诉讼法》,北京大学出版社、高等教育出版社1999年版,第380~381页。
[2] 参见《最高人民法院对人民法院在审理盐业行政案件中如何适用国务院〈盐业管理办法〉第二十五条规定与〈河南省盐业管理条例〉第三十条第一款规定问题的答复》(法行〔2000〕36号)。

再如，二十年前，脐带血在养生治疗方面的神奇作用曾经一度受到追捧。为加强规范，卫生部规章要求，采集脐带血必须先经卫生部门许可。在一起行政诉讼案件中，采集脐带血是否须经许可的问题成为核心争点。直接规定脐带血采集许可的法律规范只有卫生部规章，而按照行政许可法的规定，部委规章不能创设许可，只能作出执行性或者解释性规定。因此，卫生部规章关于脐带血采集许可的规定到底是创设性的，还是执行性抑或解释性的，就成为一个关键的判断。法院最终的结论是，卫生部规章所作规定是执行性的，即《献血法》就血液采集设定了许可，而脐带血属于"血液"，故卫生部规章关于脐带血采集的规定，就是对法律创设的血液采集许可的条件和程序在脐带血采集领域的进一步细化。严格地讲，上述理解超出了法律文义。按照当时《血站管理办法（暂行）》的定义，血液指的是"临床用全血、成分血"，而脐带血采集获得的造血干细胞并非用于临床。笔者认为，过去血液仅用于临床，在《献血法》制定时，血液的临床外用途尚未被发现，故《献血法》上的"血液"只强调了临床用途，而未对脐带血作出规范，是一个明显的预想外的法律漏洞。脐带血采集与献血同样事关使用者和献血者的身体健康，不可能采取自由放任的态度，类推适用《献血法》上血液采集许可之规定，具有充分理由。

3. 授权不够明确

国家法秩序的明确性，首先体现为法律规范的明确性。[①] 修改前的《立法法》第 7 条第 2 款规定："法律规范应当明确、具体，具有针对性和可执行性。"如果授权规范不够明确，就如同没有授权，则该规范不具有可适用性。

授权不够明确经常体现为规范内容过于原则，难以支持行政机关作出特定的行政行为。比如，公安机关以涉嫌倒卖火车票为由，查封甲公司营业场所，引起诉讼。公安机关提供的主要法律依据是《警察法》第 7 条，该条规定："公安机关的人民警察对违反治安管理或者其他公安行政管理法律、法规的个人或者组织，依法可以实施行政强制措施、行政处罚。"上述法律依据未得到法院认可。[②] 笔者认为，《警察法》第 7 条只是一条原则规定或者指示性条款，并未规定何种条件可以采取某种特定的强制措施，仅根据该规定无法直接采取查封措施。该规定中的"依法"二字，所起的作用就是指引到具体行政处罚、行政强制措施种类的授权规定，告诉行政机关要根据那些具体的法律规定，在执法中采取相应的强制措施。

规范内容明确但欠缺关键要素的，也不足以作为授权依据。比如，草原管理部门对火灾责任人作出的处罚决定中有

[①] 参见陈新民：《行政法学总论》(新九版)，我国台湾地区三民书局 2015 年版，第 133 页。

[②] 参见《最高人民法院行政庭关于铁路公安部门是否有权查封倒卖火车票经营场所的电话答复》（〔1997〕行他字第 1 号）。

责令其赔偿损失的内容，责任人不服提起诉讼。草原管理部门提供的法律依据是1993年《草原防火条例》第31条的规定。该条在明确火灾责任人将受到特定的行政处罚之后，规定"造成损失的，应当负赔偿责任"。法院认为该规定仅授权草原管理部门处罚，而未授权其就损失赔偿作出裁决。[①] 笔者认为，从法律语义看，该规定只是明确了火灾责任人的民事赔偿责任，而未规定该责任由谁来追究，授权草原管理部门就民事赔偿事项作出裁决的意思并不明确。

从语义上来看，超越职权还包括超出授权边界，具体包括执法对象不适格、执法条件不具备、执法时机不成熟、行为种类不适当、范围或者数量超限度等。在行政审判中，这些情形通常不会被认定为"超越职权"，而是被认定为"主要证据不足""适用法律错误"或者"违反法定程序"等，故此处不展开讨论。

---

① 参见《最高人民法院行政审判庭在关于对雇工引起草原火灾的，可否追究雇主的连带经济责任的答复》（〔1998〕法行字第4号）。

四、行政审判中解释法律的主要方法[*]

⚖ 【审判经验总结】

行政审判中解释法律主要有文义解释、体系解释、法意解释、目的解释和社会学解释五种基本方法。这些方法均在文义可能性的范围之内,其区别在于文义裁量度大小不同。为维护法的安定性,一般应当遵循文义裁量度从低到高的原则,依次选择适用。

📖 【正文】

"法律是一种阐释性的概念。"[①] 不经解释,法律常常难以理解和适用。在审判实践中,解释法律是法官重要的基本功之一。《审理行政案件适用法律纪要》指出,"在裁判案件中解释法律规范,是人民法院适用法律的重要组成部分"。

如何解释法律,取决于如何看待法律。依实证法观点,法

---

[*] 根据笔者在浙江省高级人民法院举办的全省行政审判培训班(2007)所作题为《行政审判中的法律解释》的讲座,以及中澳法官交流项目(2009)所写题为《中国行政诉讼的审理和判决制度》的部分内容整理,并参考了笔者所写《行政审判中解释法律的五种基本方法》一文,载《人民司法》2011年第3期。

[①] 参见[美]德沃金:《法律帝国》,李常青译,中国大百科全书出版社1996年版,第364页。

律祛除价值、封闭自足，是逻辑结构完美的规则体系。与此相应，解释法律除了遵从法条文义和与规则整体保持一致性之外，无须考虑其他因素，故解释方法限于文义解释和体系解释。依自然法观点，法律不能祛除价值，众多法条之所以能合为一体，就是因为价值贯穿其间。价值支配着法条，自然也是解释法条的依据。故法意解释和目的解释是最重要的解释方法。依社会法观点，法律是一项社会工程，致力于法律正义在生活中的实现。其要求法官运用社会学方法，在法条所涉利益的冲突中衡量取舍，选择最佳的解释方案。相应地，社会学解释才是最重要的解释方法。笔者认为，以上三种学说立足制度、观念和生活三种维度，相互结合才有助于完整地理解法律，其中涵盖的文义解释、体系解释、法意解释、目的解释和社会学解释这五种方法可作为解释法律的基本方法。解释是为了解决法条概念的疑问，而概念在构造上可分为明确的内核与模糊的外缘，有着连续变化的文义光谱，其从内核至外缘的区间即为文义可能性。基于此，以上五种解释方法均以概念的文义可能性为限，收不小于内核，放不超出轮廓。它们的区别主要在于文义裁量度的大小：文义解释、体系解释几无裁量可言；法意解释、目的解释有一定裁量度；社会学解释则裁量度较大。为维护法的安定性，解释方法应依裁量性从小到大的顺序选择适用。

（一）文义解释：以法条文义为解释依据

《审理行政案件适用法律纪要》指出，"人民法院对于所适用的法律规范，一般按照其通常语义进行解释；有专业上的特殊涵义的，该涵义优先"。法律是为大众制定的行为规范，应先为大众理解，故多用普通语言。普通语言有失精准时，往往以专业语言代之。故法条文义有两种形式，即通常语义和专业涵义。法条文义的两种形式都是文义解释的依据，其中专业涵义具有优先地位。

1. 如何把握通常语义

把握通常语义离不开对语言的精准理解，这要求法官具有较高的语言分析能力。正如丹宁法官所说，"要想在与法律有关的职业中取得成功，你必须尽力培养自己掌握语言的能力"。[①] 比如，某甲明知某乙无证驾驶且摩托车未年检，仍然搭乘下班回家，遭遇车祸受伤。某甲申请工伤认定后，其所在单位不同意认定工伤，理由是，某甲明知危险仍然搭乘，属自伤自残。通过语义分析可知，"自伤自残"要求受害者主观上有希望受伤或者致残的故意。某甲并无故意，故不属于自伤自残。

在运用文义解释时，如果概念只有一个义项，则解释可直达结论。比如，一次盗窃是否属于"违反治安管理屡教不

[①] 参见［英］丹宁：《法律的训诫》，杨百揆等译，法律出版社1999年版，第3页。

改"？新华字典上，"屡"字只有一个义项，即"不止一次"，此种情形显不属之。如果概念有多个义项，如何把握语义？通常应采第一义项，但如此导致法律的要件与后果明显失衡时，应选合理的后续义项。比如，前述"屡教不改"中的"教"应当如何理解？"教"字在现代汉语词典上含义是"教育"，而作为动词的"教育"有两个义项，一是按一定要求培养，二是用道理说服人使人照着（规则、指示或者要求）做。"违反治安管理"是做错事，而"教"则是对做错事的处理。据此，第二个义项更为适宜。

2. 如何掌握专业涵义

法律专业涵义的把握通常借助以下三种载体：

一是定义条款。定义条款的权威性通常与其所在规范的法律位阶成正比。定义条款之运用，首重要件分析。比如，甲乙丙三人串通围标，由甲出面竞买拍卖的房屋，利益共享。竞拍成功后被发现，工商机关依据拍卖法上"竞买人之间、竞买人与拍卖人之间不得恶意串通、损害他人利益"之规定，确认拍卖无效。甲辩称虽有串通，但其出价高于拍卖单位的事先估价，故未损害原权利人合法利益。需要解释的是，原权利人受到损害了吗？根据《拍卖法》第3条规定，"拍卖是指以公开竞价的形式，将特定物品或者财产权利转让给最高应价者的买卖方式"。由该定义可知，保护原权利人对最高应价的期待属拍卖之要件，故三人的行为对原权利人构成损害。

需要注意的是，定义的内容未必都是要件，应当仔细甄别。比如，某甲下班回家过铁轨时被火车撞死，劳动部门不予认定工伤，理由是，只有"机动车"事故伤害才可以认定工伤，而按照《道路交通安全法》的定义，机动车须"上道路行驶"。火车不在道路上行驶，故不属于机动车。此观点最终未得到行政审判的认可。[1]笔者认为，由于《道路交通安全法》只能规范道路上的机动车，故该法的机动车定义条款提到的"上道路行驶"，不能直接解释为否定道路之外机动车的存在，故不宜将其作为要件。

二是要件条款。法律虽无定义，但可由条文归纳概念的部分或者全部要件的，也可作为解释依据。有观点认为，作出劳动教养决定的机关对申诉进行的复查，应被视为行政复议。行政审判对此持否定态度。[2]理由是，从《行政复议法》有关规定可以归纳出行政复议的如下特征：以上级机关作出为原则，同一机关（限于省部级机关）作出为例外。这一特征就是行政复议的要件之一。故被告自行复查，通常不能视为行政复议。

三是学理通说。找不到定义条款或者要件条款时，可用学理通说作为解释依据。比如，行政决定结果正确但错引条

---

[1] 参见高某诉南京市劳动保障局工伤认定案，江苏省高级人民法院（2010）行再字第0003号行政判决书。

[2] 参见最高人民法院行政庭〔1997〕法行字第27号批复。

款的，属于适用法律错误还是程序瑕疵？法律没有明确规定。但按理论上的一般理解，适用法律错误是实体错误，而程序违法是形式错误。法条的援引属于形式要求，又鉴于错误较轻，解释为程序瑕疵更为合理。

3. 什么情况下可以运用其他方法

"司法机关虽有依法办案的天职和严格要求，刑法更有罪刑法定的基本原则，但是任何法律，不论其规定得多明确、具体，都要给法官个人理解、适用留下足够广泛的自由裁量权。"[①]司法裁量是司法规律的内在要求，即使在对司法裁量限制最为严格的刑法领域，也不能将其消除。在民事审判和行政审判领域，司法裁量更是一种必要的、经常性的存在。文义可能性对应的是法官在适用法律中的司法裁量，而裁量的难点在于保持精准，这是对法律职业者的极大考验。20世纪70年代我国台湾地区发生的"谤韩案"中，郭某华因在文章中提到韩愈曾有不雅之事被判有罪。该判决一度引起极大震撼，被指为文字狱。杨仁寿先生在法解释学上造诣之深，广为世人称道。他早年曾对该案判决持支持立场，后经反思认识到判决一味专注于概念逻辑，只知"运用逻辑"，为机械的操作，未运用智慧进行"利益衡量"，以致闹此笑话。并称

---

① 参见张军：《司法公正的标准与理性的认识、追求》，载《人民司法》2001年第3期。

"至今思之，未免可晒"。① "法官的智慧是推动法律发展的伟大力量，是把'书本上的法律'转变为'行动中的法律'的助推器。"② 笔者认为，做到尊重文义又不拘泥于文义，就是法官智慧的集中体现。而做到这一点，关键在于明确什么情况下可以运用文义解释之外的方法。大致有以下三种情形：

一是通常语义为复数，且难以选择。法条中如果使用有多种通常语义的词语，往往会将法律变得模棱两可，含义难以确定。德沃金曾经举过一个例子很能说明问题。假设有"天黑后任何在距Bank 50码以内被发现者将被视为犯罪"这样一条规则，由于在英文中"Bank"作为名词有"银行"和"河岸"两个通常文义，而该规则"未指明Bank是指一个存贮钱财的建筑物还是河边的一个地方"，因此其文义无法确定。③ 在中文语境中也有同样情况。比如"法律"一词至少有三种可能的文义。狭义是指全国人民代表大会及其常委会制定的法律规范。较广义是指通过立法程序制定的规范性文件，包括法律、法规、规章、自治条例和单行条例。最广义是指可为行为准则的规范，规章以下规范性文件也被囊括进来。在行政诉讼法中，"法律"出现了数十次，每次应采何种文义，单纯的文义解释无法奏效。

---

① 参见杨仁寿：《法学方法论》，中国政法大学出版社1999年版，第3~4页。
② 参见杨临萍：《土地行政诉讼中现实难题与司法应对》，载《江苏社会科学》2010年第3期。
③ 参见［美］德沃金：《法律帝国》，李常青译，中国大百科全书出版社1996年版，第312页。

二是通常文义明显不合理。丹宁法官说："在解释任何文件时，都必须首先考虑词句的意思。……但是，如果从字面上解释它们就会导致不公平或不合理的结果，那你就必须再想想。"[①] 也就是再想想有无更好的解释方法。比如前述工伤认定案，依劳动部门观点，在工伤认定所有法定事实要件具备的情况下，被汽车撞能认定工伤，被火车撞就不认定，情理上近于荒谬。

三是解释的对象为不确定概念。由于不确定概念的文义欠缺确定性，文义解释无法使之明确。比如，法律规定作出较大数额罚款等处罚决定之前应当举行听证。那么，"等"字的文义是等内还是等外？"等"字是否包括没收？语焉不详，只能借助文义解释以外的其他方法加以明确。

上述三种情况下，文义解释不能回答或者不能完全回答法律适用的疑问，必须结合运用其他解释方法。其他方法中，体系解释实际上是扩大了解释文本的文义解释，其作为文义解释的自然延续，应当优先适用。如果仍不能完全释疑，则一般应按照法意解释、目的解释和社会学解释的次序选择运用。

（二）体系解释：以法条上下文为依据

"语义学提醒我们，符号只有在实际使用的语境下才会真

---

① 参见［英］丹宁：《法律的训诫》，杨百揆等译，法律出版社1999年版，第69页。

正被理解。"[1]《审理行政案件适用法律纪要》指出,"语义不清楚或者有歧义的,可以根据上下文和立法宗旨、目的和原则等确定其涵义"。其中提到的"根据上下文"就是体系解释方法。所谓体系解释是指以法律条文在法律体系上的地位,即依其编、章、节、条、款、项之前后关联位置,或相关法条之法意,阐明其规范意旨之解释方法。[2]法律是有机整体,过于强调法条,难免削足适履。体系解释可补此弊,其在整体中把握局部,既有助于法条意旨的把握,也有助于体系一致。体系解释是文义解释的自然延伸,文义解释以特定法条为文本,体系解释则把文本扩展到(本法乃至其他法律的)相关法条。体系解释可能扩张或限缩概念文义,也可能进行类推或反推的操作,由此引出以下四种更具体的方法。这些方法各自适用于特定情形,并无优先次序。

1. 扩张解释方法的运用

扩张解释对概念外延在文义可能性范围内进行适当扩张。

本方法适用于文义过窄不足以表示立法真义的情形。比如,职工下班路上被火车撞伤可否认定工伤?原《工伤保险条例》在规定上下班路上发生机动车事故可以认定工伤的同时,未对"机动车"作出定义。法律上只有《道路交通安全

---

[1] 参见[美]詹姆斯·克里斯蒂安:《像哲学家一样思考》,郝忠慧译,北京大学出版社2015年版,第332页。

[2] 参见杨仁寿:《法学方法论》,中国政法大学出版社1999年版,第140页。

法》所作的如下定义，"'机动车'，是指以动力装置驱动或者牵引，上道路行驶的供人员乘用或者用于运送物品以及进行工程专项作业的轮式车辆"。而该定义中的"道路"则是指"公路、城市道路和虽在单位管辖范围但允许社会机动车通行的地方，包括广场、公共停车场等用于公众通行的场所"。据此，火车被排除于机动车范围之外，其结果是被汽车撞到就可以认定为工伤，被火车撞到就不行。立法显然不可能有这样违背常理的意思。也就是说，在工伤认定中照搬《道路交通安全法》对"机动车"的定义，不足以表现《工伤保险条例》的立法真义。

扩张解释与其他常用解释方法一样，是在可能的文义中找到最佳的一个方案。如果在文义可能性之内找不到最佳方案，怎么选择都不合理甚至很荒谬，则说明法律可能存在漏洞，那就不是常用的解释方法能够解决的问题，也就超出了本文讨论的范围。上述案例中，"机动车"在工伤认定中至少有两种可能的文义：一种是对《道路交通安全法》上的定义照单全收，把"道路上行驶"作为"机动车"的要件之一；另一种是强调其所在法律的特殊因素，即《道路交通安全法》只能规范道路上行驶的机动车，故定义条款中的"道路上行驶"不能作为"机动车"的核心特征。法院最终选择了第二种方案，仍然在文义可能性范围之内。[1]

---

[1] 参见高某诉南京市劳动保障局工伤认定案，江苏省高级人民法院（2010）行再字第 0003 号行政判决书。

2. 限缩解释方法的运用

限缩解释对文义的外延进行缩小，又称缩小解释。

本方法适用于通常语义失之过宽而又不合立法真义的情形。比如，依早期工伤保险有关规定，职工有犯罪或违法情形的，不能认定工伤。这里的"违法"如何理解？包括轻微违法吗？只要把目光从"违法"两字稍微左移，就可看到"犯罪"两字。由法律规定将两者并列的表述可知，两者应当份量相当，"违法"应当限于接近犯罪的严重违法，轻微违法应被排除在外。法条表述显然文义过宽，并不完全符合立法真义。[①]目前生效的《工伤保险条例》去掉"违法"，只保留"犯罪"一种情形，印证了上述判断。再如，"违反治安管理屡教不改"中的"教"字，按照文义解释可理解为：用道理说服人使人照着（规则、指示或者要求）做。此文义明显过宽，甚至居委会对违反治安者的批评教育亦可归入。公安部曾进一步作出限缩，认为"教"仅指罚款、拘留、劳动教养、判处刑罚等处理。[②]因为"违反治安管理屡教不改"对应的是劳动教养（现已废止），而劳动教养远重于一般行政处罚，将"教"字的文义进一步限缩至罚款以上的行政处罚以及刑事处理，显然更为符合违法与处理之间的比例关系。

---

① 参见最高人民法院法行〔2000〕26号批复。
② 参见《公安部关于适用〈治安管理处罚法〉第七十六条有关问题的答复》（公复字〔2006〕1号）。

3. 类推解释方法的运用

类推解释是指解释法条时，类推其他法条用语之涵义加以阐释，使其真义得以澄清。

法律中的"等""其他"等概括性用语，其本身并无明确的涵义。"等"的含义主要有两个，一个是"表示列举未尽"即所谓"等外等"，另一个是"列举后煞尾"即所谓"等内等"。法律中的含义多采"表示列举未尽"。"其他"的含义是"别的"。这些概括式用语的文义极其宽泛，可以指代任何事物，法律适用显然不会如此理解。《审理行政案件适用法律纪要》指出，"法律规范在列举其适用的典型事项后，又以'等''其他'等词语进行表述的，属于不完全列举的例示性规定。以'等''其他'等概括性用语表示的事项，均为明文列举的事项以外的事项，且其所概括的情形应为与列举事项类似的事项"。也就是说，对概括式用语的理解，只有参考前面列举的事项才能把握。比如，2017 年《行政处罚法》第 42 条规定："行政机关作出责令停产停业、吊销许可证或者执照、较大数额罚款等行政处罚决定之前，应当告知当事人有要求举行听证的权利。"那么，没收 10 万元的决定是否包括在"等"内？判断的方法就是与"责令停产停业、吊销许可证或者执照、较大数额的罚款"相对照，具有相似性方可纳入。没收与上述三种处罚相比，与罚款极为相似，都是财产的直接剥夺，而 10 万元无论对罚款还是没收，都是较大数额，故可以适用该规定。

4. 反对解释方法的运用

反对解释是从法律规定的反面推论出条文意思，又称反面推论。比如，《行政诉讼法》规定，主张自己合法权益受到行政行为侵犯者可以提起行政诉讼。其反对解释为：主张自己利益之外的其他利益（包括公共利益和他人利益）者无权提起行政诉讼。投诉人、举报人的原告资格问题，都是用上述反对解释的结论作出判断的。即投诉人、举报人主张自己利益的有原告资格，主张其他利益的没有原告资格。

不是所有法条都适合作反对解释，故明确此种方法的适用条件至关重要。每个法条都可以归结为一个判断。按照逻辑规则，如果一个判断中的要件等于或者大于结果，则反定理成立；如果要件小于结果，则反定理不成立。比如，白马是白色的马，要件和后果是相等的。马包括白马，要件大于后果。两个判断的反定理分别为"不是白马就不是白色的马"和"不是马肯定不是白马"，都是成立的。白色的马是马，要件小于结果。这一判断的反定理为"不是白色的马就不是马"，明显是不成立的。在法律解释中，道理也是相同的。逻辑结构完整的法条都是由事实要件与其法律后果两部分组成，而反对解释能否适用，则视两部分之间的关系而定。

事实要件等于或者大于法律后果的，反对解释可以适用。比如，《行政许可法》规定，申请人的申请符合法定条件、标准的，行政机关应当依法作出准予行政许可的书面决定。"申请符合法定条件、标准"之事实要件与"准予行政许可"的法律效果相等，故可作出如下反对解释：申请不符合法定条件或者不符合法定标准的，就不应作出准予行政许可的书面决定。再如，按照《行政诉讼法》规定，法院对妨碍诉讼的当事人可以根据情况采取训诫、责令具结悔过、罚款、拘留等措施，训诫只是妨碍诉讼的法律后果之一，即事实要件大于法律后果，故可以作出如下反对解释：法院对没有妨碍诉讼的当事人，不得采取训诫措施。

事实要件小于法律后果的，反对解释不能适用。比如，按照《治安管理处罚法》规定，办案警察回避这一法律后果适用于三种情形即三种不同的事实要件，其中一种情形为"本人是案件当事人或者当事人的近亲属"。办案警察如果仅以其不是案件当事人或者当事人的近亲属为由拒绝回避，则理由显然不能成立，因为他只强调了法律后果对应的三种不同事实要件之一，违反了事实要件小于法律后果不能作反对解释的逻辑定律。

判断构成要件与法律后果的关系，经常成为审判中的难点之一。笔者认为，主要判断方法有二：一是联系法律上下文。通过与法律相关条款的比对，搞清楚本条的构成要件是否对应着其他法律后果，以及本条的法律后果是否适用于其他情形，以此作出判断。比如，《治安管理处罚法》规定，醉酒的人违反治安管理的，应当给予处罚。能否对此作出反对解释？即不醉酒的人违反治安管理的，则不予处罚。联系《治安管理处罚法》上下文可知，是否醉酒并非行政处罚的法定事实要件。或者说，对应着治安处罚这一法律后果的对象情形既包括醉酒的人，也包括不醉酒的人。由此可知，该规定的事实要件小于法律后果，故反对解释不成立。二是通过事实与法律的相互对照作出判断。比如，对于解放初期通过购买取得所有权的房屋所附土地，土地所有权收归国有后，土地仍由产权人继续使用。拆迁时这样的土地按照什么标准补偿，法律上并无明确规定。按照现行制度，土地使用权的原始取得只有划拨和出让两种方式，划拨为无偿取得，出让为有偿取得。行政机关以被拆迁人没有向国家缴纳土地出让金并办理出让手续为由，决定参照划拨标准予以补偿。行政机关在逻辑推演中误用了反对解释方法，误就误在只注意到法律上规定的土地使用权原始取得的两种方式，而忽略了事实层面还有历史遗留下来的土地所有权收归国有后，土地使用权仍为产权人保留的类型。此种土地使用权既没有办理过出让手续，也没有办理过划拨手续，仅以没有缴纳出让金并办理出让手续就视为划拨，显然逻辑上不能自洽。此种情形不宜适用反对解释，而应考虑运用类推适用的方法，看其特点与划拨和出让中的哪一个更为近似。①

（三）法意解释：以立法宗旨为依据

《审理行政案件适用法律纪要》指出，"语义不清楚或者

---

① 参见本书第二部分"经典案例分析"中的第9个案例《超出容积率部分的土地依照何种标准进行补偿》。

有歧义的,可以根据……立法宗旨……确定其涵义"。在法律文本之外的因素中,立法宗旨在解释法律的各种依据中占有重要地位,而以立法宗旨作为解释依据的方法就是法意解释,又称沿革解释。法意解释有主观说与客观说之分,主观说是以立法者在立法当时的意图为解释依据。客观说则为法律的合理意思,基本上出自法律适用者对法律应有之义的合理判断。从上述司法文件中"立法宗旨"的用语来看,我国行政审判实务似更倾向于主观说。

1. 立法宗旨的载体

对立法宗旨的判断依据是立法本意,其通常载于立法过程材料中。主要有如下几类:

一是起草说明。起草说明是负责立法起草工作的部门就立法草案的重要问题向立法机关所作的汇报。法案通过后,起草说明随之一并获得立法机关的认可,故起草说明是体现立法本意的最有说服力的载体。比如,婚姻登记、物权登记是否属于行政许可?《行政许可法》的起草说明中指出,确认人身关系、财产关系的行政行为不属于该法调整范围。行政审判据此明确,上述登记不属于行政许可,不受《行政许可法》调整。

二是起草单位对特定问题的意见。比如,建设工程质量监督站是否属于《计量法》第22条规定的"为社会提供公证数据的产品质量检验机构"?望文生义地看,"建设工程"并未超出"产品"的文义可能性。但是,早在1992年国务院在其作出的《关于进一步加强质量工作的决定》中就已明确将质量工作分为产品质量、工程质量和服务质量三类工作,"产品"和"工程"相互为并列关系,所以,"建设工程"属于"工程",而不属于"产品"范畴。国务院作为《计量法》《产品质量法》《建筑法》的起草单位,上述意见具有权威性。最高人民法院据此认为,建设工程质量监督站不是产品质量检验机构,不受《计量法》调整。①

三是立法建议。立法建议是有关国家机关和组织就相关法律制定修改提出的建议,虽然不直接体现为立法机关的意思,但如果立法机关接受建议并采纳了相关条款,则立法建议背后的考虑亦有相当的参考价值。

四是立法机关和起草单位的咨询意见。立法机关和起草单位对有关部门征求意见所作的答复,虽然并不具有正式法律渊源的效力,只供实务部门参考,但通常亦被视为立法本意,在司法实践中得到较高的尊重。

五是立法参与者的意见。立法参与者的意见主要体现为他们对法律所作的释义、解读等,往往由具体工作部门负责统稿编审,虽是个人意见,但可为确定立法本意提供有价值

---

① 参见《最高人民法院对山西省高级人民法院〈关于对县级以上人民政府设立的建设工程质量监督站是否应由计量行政主管部门进行计量认证问题的请示〉的答复》(〔1996〕法行字第7号)。

的参考,应当予以适当考虑。①

2. 需要注意的问题

在解释方法选择次序中,法意解释通常比目的解释和社会学解释方法更为优先,但是以下两个因素可能影响其优先性。

一是法意载体的权威性。起草说明、起草机关关于特定问题的意见、立法建议均代表国家机关的观点和看法,因其来源而具有的权威性最为法官所看重。尤其是起草说明,在确定立法意图时往往可以起到一锤定音的作用。这一点中外皆同。"在美国的法律实践中,法官们经常忠实地参考国会议员和其他立法者在国会报告和正式辩论中所发表的关于通过一项法案目的何在的各种证明。法官们认为,这些证明合在一起便形成了它们必须尊重的该法的'立法沿革'。"②而立法机关或者起草单位的咨询意见为非正式官方文件,具有重要的参考价值,应予较高尊重。对于行政审判来说,咨询意见和立法参与者的意见,相对容易获得,但其权威性不高。据此获得的结论,一般还应结合其他解释方法加以印证。

二是法意的局限性。立法本意的关注焦点集中于立法时发生的问题。随着时间的推移,原来重要的问题后来可能已

---

① 丹宁法官提到,当时英国国会某委员会主席理查德·克劳斯曼曾就某部法律中"管理不善"的法律概念在国会作过讲演,他的演讲成为解释这一概念的指导准则。参见丹宁:《法律的训诫》,杨百揆等译,法律出版社1999年版,第11页。

② 参见[美]德沃金:《法律帝国》,李常青译,中国大百科全书出版社1996年版,第280页。

经不那么重要，原来有效的办法现在可能已经不那么管用。如果法官只知固守立法本意，不对时代的发展变化作出回应，司法就无法适应现实。因此，时间越长、情况变化越大，法意解释的价值就越低。比如，1957年国务院制定的《关于劳动教养问题的决定》（已失效），其立法宗旨包括"为了把游手好闲、违反法纪、不务正业的有劳动力的人，改造为自食其力的新人"，改革开放以后，随着社会情况的变化，有些内容已经很难再按照字面意思和当时的立法意图去理解和适用。严格司法要求我们既要尊重立法意图，又要与时俱进。面对已经变化的环境，不可墨守成规、抱残守缺。

（四）目的解释：以立法目的为依据

"目的是所有法律的创造者"[①]，法律总是为了实现某些政治、经济、文化、社会等方面的价值追求而制定，这些价值追求就是立法目的。把握住立法目的，有助于透彻地理解法律。《审理行政案件适用法律纪要》指出，"语义不清楚或者有歧义的，可以根据……立法目的……确定其涵义"。目的解释以立法目的为依据来明确法条意义。笔者认为，行政审判中可作为解释依据的立法目的有以下三个层次。

[①] 德国学者 Rudolf Jhering 的名言，转引自蔡达智：《从行政法学观点论立法目的》，载城仲模编：《行政法之一般法律原则（二）》，我国台湾地区三民书局1999年版，第74页。

1. 法条目的

法条都有其具体目的，但受制于立法技术，通常不会明确地写出来。不过，行政法官基本上可以借助法律知识和经验，用由果及因的逆推法，直接找出法条背后的目的，然后据此得出法律解释的结论。比如，原《婚姻法》第8条规定要求结婚的男女双方"必须亲自到婚姻登记机关办理结婚登记"，立法目的何在？对于行政法官来讲，由婚姻自主自愿的一般原则，应可推知该条规定的目的在于确认结婚是否出自男女双方真实意思。基于这样的认识，行政审判对于婚姻登记机构在男女双方未亲自到场的情况下办理的结婚登记，就不应简单以违反法定程序为由予以撤销，而应考虑结婚是否出自男女双方真实意思表示。据此，最高人民法院在答复中指出，婚姻关系双方或一方当事人未亲自到婚姻登记机关进行婚姻登记，且不能证明婚姻登记系男女双方的真实意思表示，当事人对该婚姻登记不服提起诉讼的，人民法院应当依法予以撤销。[①] 再如，《行政强制法》第44条规定："对违法的建筑物、构筑物、设施等需要强制拆除的，应当由行政机关予以公告，限期当事人自行拆除。当事人在法定期限内不申请行政复议或者提起行政诉讼，又不拆除的，行政机关可以依法强制拆除。"实践中，行政机关对相对人作出限期自行拆除的决定后，在实施拆除前依法应当作出强制拆除的决定。这就带来

---

① 参见《最高人民法院行政审判庭关于婚姻登记行政案件原告资格及判决方式有关问题的答复》（〔2005〕行他字第13号）。

一个问题：行政机关作出强制拆除决定后，是否需要等待相对人申请复议和起诉的法定期限届满才可以实施强拆？文义上具有两可性，运用目的解释方法即可释疑。该条之所以规定等待法定期限届满，是因为考虑到建筑物、构筑物和设施的重要性和特殊性，且一旦拆除就很难恢复。概括地讲，目的就是防止误拆。限期自行拆除的决定解决的是该不该拆的问题，应当等待法定期限届满；强制拆除决定以限期自行拆除决定生效为前提，仅解决如何拆的问题，无须等待法定期限届满。

2. 制度目的

一部法律通常由多个具体制度组成，每个具体制度都有其特定目的。比如，行政诉讼法中管辖制度的目的可以概括为"两便"原则：一是便于当事人诉讼，尤其是便于原告行使诉权；二是便于法院审查。按照地域管辖的规定，行政案件一般由被告所在地人民法院管辖。如果被告行政机关和原告不在同一地，行政机关对其同时作出限制人身自由和扣押财产两种行为，当事人不服提起诉讼，按照上述规定，就只能由被告所在地法院和原告所在地法院分别审理，或者由被告所在地法院合并审理。能否由原告所在地法院合并审理？《行政诉讼法》并无明确规定，审判实践中存有疑义。最高人民法院批复认为，可以由原告所在地法院合并审理，主要是基于行政诉讼管辖制度目的的考量。从便于诉讼的角度讲，合并审理显然便于原告行使诉权，节约诉讼成本。虽然会增加被告的诉讼成本，但行政诉讼更强调方便原告，只要增加的成本没有大到被告无法承受，就符合便于诉讼的目的。从法院审理角度看，合并审理比分开审理更有利于降低整体的司法成本，至于由原告所在地还是被告所在地的法院来合并审理，并无明显差异。据此，2018年《行诉解释》第8条第2款规定："对行政机关基于同一事实，既采取限制公民人身自由的行政强制措施，又采取其他行政强制措施或者行政处罚不服的，由被告所在地或者原告所在地的人民法院管辖。"

3.法律目的

法律通常有完整的结构，开篇有总则或者原则规定，法律目的多可在这一部分觅得。另外，有的法律名称亦载有目的，比如《水污染防治法》。在解释下位法时，不仅可以运用本规范的目的，还可以运用上位法的目的。比如，工人上班时间在厂区厕所摔伤致死，能否认定工伤？按照有关规定，如果上厕所与完成工作任务有关，就可认定。法院在解释"与完成工作任务有关"这一要件时，从作为上位法的《劳动法》第2条的原则规定中，找到了保障劳动者权利的立法目的，而受劳动法保护的权利包括"获得劳动安全卫生保护的权利"与工伤认定关系密切。与劳动者权利对应的是企业的义务。与劳动者"卫生"方面的权利对应的企业义务就包括，企业应尽其条件为职工提供盥洗设备和卫生间，作为工作的配套设施。卫生间既然属于工作配套设施，在上班时间基于生理需求正常使用就应理解为"与完成工作任务有关"。[1]

（五）社会学解释：以社会效果为依据

《审理行政案件适用法律纪要》指出，"人民法院在解释和适用法律时，应当妥善处理法律效果与社会效果的关系，既要严格适用法律规定和维护法律规定的严肃性，确保法律适用的确定性、统一性和连续性，又要注意与时俱进，注意办案的社会效果，避免刻板僵化地理解和适用法律条文，在法律适用中维护国家利益和社会公共利益"。上述要求就是社会学解释方法的体现。社会学解释，是指在法条文义存在较大裁量空间的情况下，选择社会效果最大化的方案，是一种统一法律效果与社会效果的方法。习近平总书记说："法治当中有政治，没有脱离政治的法治。"[2] 在社会效果考量中，政治因素是不可回避的存在，张军院长在多年前就曾指出："处理疑难案件、解决疑难问题，往往没有现成的、明确的法条可循，正确的法律解决办法往往都存在着对伦理因素和政治因素的考量。"[3] 这一论述可以作为社会学解释方法运用的指南。

---

[1] 参见何某诉成都市武侯区劳动局工伤认定行政行为案，载《最高人民法院公报》2004年第9期。

[2] 参见习近平：《在省级主要领导干部贯彻党的十八届四中全会精神全面推进依法治国专题研讨班上的讲话》（2015年2月2日），载中央文献研究室编：《习近平关于全面依法治国论述摘编》，中央文献出版社2015年版，第34页。

[3] 参见张军：《在司法实践中坚持马克思主义法哲学方法论》，载《人民法院报》2011年2月17日。

五种基本解释方法的解释依据存在很大不同，文义解释、体系解释局限于法律文本自身，便于统一认识；法意解释、目的解释虽然引进了文本外的因素，但与文本密切相关，亦属可控；社会学解释则站在社会视角回看和改造文本，主观空间之大，没有足够的经验和智慧难以准确把握、自如运用，故应慎用。笔者认为，此方法的运用要注意三点。

1. 社会学解释方法具有补充性

社会学方法有助于实现法律与生活的结合，但其赋予法官的较大判断余地又威胁着法的安定性，故其适用受到较大限制。一般来讲，只有在前述四种方法均不能释疑时才可作为决定性方法。[①] 比如，某甲汽车修理作业时，铁屑溅入左眼。某甲当时滴了眼药水后疼痛缓解，故未去医院检查。近两年后，某甲左眼剧痛，视觉模糊，遂赴医院就医。医院诊断为：左眼外伤性白内障，系铁锈沉着造成。同时指出，此类事故伤害可以存在较长的潜伏期。某甲虽经治疗，但视力明显减弱。某甲提出工伤认定申请，劳动保障部门依照工伤保险条例关于工伤认定申请期限为"事故伤害发生之日起一年内"的规定，以申请已超过1年为由不予受理。某甲不服提起诉讼后，法院面对的问题就是：劳动保障部门将"事故伤害发生之日"理解

[①] "决定性方法"并不排斥在某些情况下将社会学方法作为辅助方法使用。比如通过文义解释、体系解释等方法已经能够确定法条真义，但鉴于待解释问题的重要性，为慎重起见，以社会学解释方法进一步验证。

为"事故发生之日"虽在文义可能性范围内，明显不利于权利保护，应当考虑在文义解释之外，进一步结合运用其他解释方法。但是在法律上下文找不到有助释疑的关联条款，亦无明确立法本意的立法过程材料，法律目的又具有多重性，无法通过目的解释聚焦于某一解释方案。社会学解释方法在此情况下登台亮相并一锤定音，才具有充分的必要性。

2. 通常用于在两种以上方案中选择

社会学解释的目标是在文义可能性范围内选择社会效果最好的方案，因此，法条在文义可能性范围内应当有两种以上的解释方案可供选择。比如前述案例情形中，把"事故伤害发生之日"理解为铁屑入眼的当日最符合其字义。不过，理解为伤害确诊之日亦未超出文义可能性。两种方案何者更优，则可通过社会学解释方法的运用来确定。

如果法条与特定案件事实结合后，其文义或者文义可能性范围内的多个方案均不能成立，社会学解释就没有适用余地。在此种情况下，为追求个案正义而挣脱文义对法条进行创造性理解的司法技术，已经不在解释范畴，而是漏洞补充的方法。漏洞补充具有造法作用，属于非常规方法，故其运用比社会学解释应当受到更大的限制。

3. 关键在于抓住事物的主要方面

用好社会学解释方法，把社会效果最好的方案选出来，关键在于找出事物的主要方面，然后才能对两种方案在主要方面的优劣得失进行利害分析。比如前述案例中，法院判决所作的利害分析如下，"如果不对工伤认定申请作出时效限制，确实可能造成行政管理资源的浪费，影响劳动保障部门的工作效率，也不利于劳动保障部门及时、准确地查明事实。但是，规定工伤认定申请时效，更为重要的是充分保障工伤职工的合法权益。如果将事故发生之日作为工伤认定申请时效的起算时间，则劳动保障部门在事故发生后，伤害后果没有马上出现的情况下，也无法及时、准确地查明事实，无法作出正确的处理，反而必将造成行政管理资源的浪费，影响劳动保障部门的工作效率"。经过上述分析，法院认为应将伤害确诊之日理解为"事故伤害发生之日"。[①] 笔者认为，该案判决所作的利害分析非常精准，具有很强的说服力，堪称社会学解释方法运用的典范。而能做到这一点，关键就在于准确找出行政效率和权利保护这两个案涉主要因素，抓住了事物的主要方面。

社会学解释方法并非专属于审判领域，行政领域亦可运用。不仅如此，行政机关在事实领域的专业优势有助于作出更为精准的社会效果评价。因此，如果行政机关运用此法得当，行政审判亦应予以认可。比如，将建设水电站挖掘作业得到的砂、石、土直接用来浇筑水电大坝，是否需要按照采矿行为的要求办理采矿许可证？国土资源部认为："建设单位

[①] 参见杨某峰诉无锡市劳动和社会保障局工伤行政认定纠纷案，载《最高人民法院公报》2008 年第 1 期。

因工程施工而动用砂、石、土,但不将其投入流通领域以获取矿产品营利为目的,或就地采挖砂、石、土用于公益性建设的,不办理采矿许可证,不缴纳资源补偿费。"其后又进一步释明:"'因工程施工'和'就地'是指在工程建设项目批准占地范围内,因工程需要动用或采挖砂、石、土用于本工程建设。目的是鼓励建设单位在建设中充分利用已批准占地范围内的矿产资源,减少异地开采,以利于保护环境。"上述意见很好地运用了社会学解释方法。砂、石、土属于矿产没有疑问,但是挖掘砂、石、土是否为采矿行为,文义上却有两种可能。一是从外观上看,只要挖掘并加以利用,就可界定为采矿行为。按照这种思路,无论是盖楼还是修路都需要打地基,挖掘砂、石、土,就都得交资源补偿费,也都得办采矿许可证。此说存在明显弊端:施工单位为了避免申办采矿许可的负担,可能会将挖出的砂、石、土抛弃,然后在市场上另行购买有关建筑材料,造成资源浪费。二是从目的上看,采矿是为了获利,而非自用。施工单位挖掘砂、石、土是为了建设水电站,不是为了营利,用砂、石、土浇筑大坝,可以就地利用,保护环境。此说具有明显的比较优势。鉴于国土资源部的意见正确地运用社会学解释方法,最高人民法院亦在司法答复中予以认可。[①]

---

① 参见《最高人民法院关于在已取得土地使用权的范围内开采砂石是否需办理矿产开采许可证问题的答复》(〔2006〕行他字第15号)。

五、行政裁量与司法审查[*]

⚖【审判经验总结】

行政裁量可以出现在行政行为全过程的每个环节；行政裁量不仅存在于弹性条款、裁量性条款和不确定法律概念中，在确定概念和规范缺失的情况下同样可以存在，只不过前者选择空间较大而后者较小。行政裁量应当遵循合理性原则并力求达到至善，但司法审查应以基本合理作为审查的标准，仅在行政裁量明显或者严重不合理时才认定被诉行政行为违法。明显或者严重不合理的情形可从行政裁量的主客观两个

---

[*] 根据笔者在中德法官交流项目（2006）中所作题为《行政裁量与司法审查》讲座，以及中国法学会百名法学家百场讲座（2015）、国家应急部全国应急系统法制主管领导培训班（2019）、宁夏自治区党委组织部全区市长厅长培训班（2015）、石嘴山市委理论学习中心组扩大学习会（2015），就行政诉讼法的新精神、依法行政的基本要求等专题所作讲座的部分内容整理。同时，也参考了笔者如下论作：（1）《对自由裁量行政行为进行司法审查的原则和标准》，载《法制与社会发展》2000年第3期。（2）《比例原则在司法审查中的应用》，载《人民法院报》2001年4月22日。（3）《如何界定行政自由裁量所应考虑的因素》，载《人民法院报》2006年12月21日。（4）《行政自由裁量表现形式二题》，载《人民法院报》2006年11月16日。（5）《行政程序裁量的司法审查标准》，载《人民法院报》2007年1月25日。（6）《合理性原则在司法审查中的应用》，载《人民法院报》2007年3月22日。（7）《行政裁量及其司法审查》，载《人民司法》2009年第19期。（8）《行政裁量之司法审查模式建构》，中国社会科学院2008年博士学位论文。

方面把握。行政裁量的主观方面存在的明显或者严重不合理是滥用职权,具体包括目的不当和考虑不周;行政裁量的客观方面存在的明显或者严重不合理是显失公正,具体包括违反比例原则、违反平等对待原则、违反遵循先例原则、忽视权益保障原则。

【正文】

"法须稳定,但毋僵直。"① 法既要保持稳定性,又要调整不断变化的社会,最好的办法莫过于给执法者留下适当的裁量空间。按照传统行政法理论,裁量问题与法律问题相对,指的是法律没有规范或者难以明确规范的问题,由行政机关随机应变地作出决定或者判断。裁量问题既不受法律调整,又不受司法审查,故裁量之前常有"自由"二字。按照早期法治理念,行政自由裁量应当受到严格的限制,通常只出现在细枝末节的问题上或者不那么重要的事项中。但是,随着行政职能的扩展,行政自由裁量也不断膨胀,逐渐从行政权的边缘走向核心,对行政法治的影响也变得举足轻重,连行政机关能否真正做到依法行政,都要"最终取决于行政自由裁量权的运用"。② 反观行政自由裁量,它在不断促进个案正

---

① 参见[美]罗斯科·庞德:《法的新路径》,李立丰译,北京大学出版社2016年版,第1页。
② 参见崔卓兰、刘福俊:《论行政自由裁量权的内部控制》,载《中国法学》2009年第4期。

义的同时，被滥用的现象也逐渐增多，对行政法治的危害越来越大，如果法律不加以控制，法院也放任不理，行政法的功能将大打折扣。正如学者所说："行政法如果不是控制自由裁量权的法，那它是什么呢？"[①]对行政自由裁量，法院从不审查到审查，从审查到程度逐渐加深，行政的"自由"也就不存在了，称谓也随之改变为行政裁量。我国对行政裁量的控制是从行政诉讼开始的。1989年《行政诉讼法》一出台就将行政裁量纳入审查范围，作为审查标准之一的"滥用职权"就专为行政裁量而设，2014年修改《行政诉讼法》时又增设了"显失公正"之标准，表明了对行政裁量进一步加强司法控制的态度。随着行政审判职能的充分发挥，规范行政裁量的重要意义日益彰显，在此过程中积累的经验也为行政裁量的自我规制奠定了重要基础。2021年修改的《行政处罚法》规定："行政机关可以依法制定行政处罚裁量基准，规范行使行政处罚裁量权。"对行政裁量的自我规制首次出现在国家立法层面，具有里程碑意义。2022年国务院办公厅出台文件，就行政处罚、行政许可、行政征收、行政确认、行政给付、行政强制和行政检查行为等领域设定裁量基准，有针对性地提出具体要求，自我规制又向前迈出了坚实的一步。自我规制不仅体现为行政自我约束，同时也为司法审查提供了有力抓手。

[①] 参见［美］施瓦茨：《行政法》，徐炳译，群众出版社1986年版，第568页。

（一）行政裁量的表现形式

在行政审判中，区分羁束和裁量的标准是有无选择余地。行政行为无选择余地的称为羁束行政行为，反之称为裁量行政行为；法律规范不给行政机关留下选择余地的，称为羁束性规定，反之称为裁量性规定。

1. 行政行为中的裁量

行政裁量在行政行为中的表现形式，曾有过效果裁量与要件裁量之争。效果裁量说主张，行政裁量只在是否作出决定以及作出什么样的决定的场合才会出现。至于法律要件问题上的选择则不是裁量，而是事实认定中的法官内心确信以及文义可能范围内的法律解释，被称为判断余地。判断余地原本就属于司法审查的范围，而行政裁量最初不受司法审查，后来才逐渐纳入审查。要件裁量说则主张，行政行为的法定要件是否满足的问题上亦可有裁量行为的存在。[1] 据此，行政行为从事实认定、法律适用[2]到作出决定，每个环节都可能出现裁量问题。

效果裁量说区分行政裁量和判断余地，理论上似更严谨，

---

[1] 参见［日］盐野宏：《行政法》，杨建顺译，法律出版社1999年版，第91页。
[2] "所谓裁量，是指解释相关条文之内容，并作成决定的自由权限也。""不但在行政有裁量的制度，亦有司法裁量、立法裁量及监察裁量等问题，都是指在法律规定的范围内，裁量权人只要不逾越法定界限，所作的判断即推定具有合法性。"参见陈新民：《行政法学总论》（新九版），我国台湾地区三民书局2015年版，第300页。类似文中不区分裁量和法律适用中选择判断的情形，早已成为实务中的常态。

但今天的情况已经发生了很大变化。与法院对行政裁量从不审查到审查以及审查程度不断加深的过程相映成趣的是，伴随行政日益复杂化和专业化的发展过程，法院对判断余地的审查，已经很难用是否合法或者是否正确来评价，只能说是否更为合理或者是否相对更好，因此审查标准不断放松。时至今日，两者的审查标准已经基本一致。笔者认为，在司法审查标准趋同的情况下，区分行政裁量和判断余地越发没有意义，而要件裁量说也就更合时宜，行政裁量在行政行为的各个环节均可出现。

2. 法律规范中的裁量

任何类型的法律规范都不可避免地会给行政留下一定的选择空间。按照法律留下的选择空间的大小，可以将法律规范中的裁量分为以下几种情况：

一是弹性条款。弹性条款要么确定裁量幅度（如罚款幅度），要么授权行政机关在两种或者多种处理方式之中进行选择。弹性条款具有较大的裁量空间。

二是裁量性条款。法律明示的裁量多数情况下都是采用诸如"可以""得""有权"等术语加以体现。相反，如果采用的术语是"必须""应当""不得"等，行政机关就有义务采取某种活动，称为羁束性条款。裁量条款一般具有比弹性条款更大的裁量空间。

三是不确定概念。所谓不确定概念是指内涵和外延都不确定的概念。比如"公共利益""社会公德""民族风俗""必要""适当补偿""视情节轻重""其他"等。上述用语在法律规范中很常见。

不确定概念具有开放性，其可能的文义不足以准确地划定外延，只是给执法者指出大概的方向，至于在这个方向走多远，则完全取决于执法者。与前述规范相比，行政机关在不确定概念中的裁量空间最大。[①]

四是确定概念与行政裁量。确定概念是指内涵确定、外延封闭的概念，比如"水""矿产""建筑""签署"等。确定概念并非在任何情形下都是确定无疑的。只能说，在典型情况下可以确信，但调整对象处在概念的边际时，就不那么肯定了。哈特教授举的一个例子可以很好地说明这一点。他说，一位男士的头又亮又光，显然属于秃发之列，另一位头发蓬乱，显然不是秃发。但问题是第三个人只是在头顶的周边有些稀稀落落的头发，把他归到哪一类就不是那么容易了，假如他是否秃发很重要的话，这个问题就可能引起无穷的争论。[②] 归类问题的争论，与概念的构造有关。有一种理论认为，概念由"核心"和"轮廓"两部分组成。概念的核心是清楚的，但其轮廓却是模糊的。当调整对象处在法律确定概

[①] 不确定法律概念在要件裁量中占有重要位置，也是要件裁量和效果裁量之争的一个重要领域。在法院对不确定概念的判断余地的审查标准与效果裁量的司法审查标准已经趋同的情况下，将不确定概念与行政裁量相区别没有实际意义。

[②] 参见〔英〕H. L. A. 哈特：《法律的概念》，张文显等译，中国大百科全书出版社1996年版，第4~5页。

念的轮廓地带时，"看上去理所当然的东西也变得可疑"，[①]这就给法律概念的理解和适用带来了选择余地。

"大自然本身没有栅栏。"[②]法律用一个个截然断开的概念来界定连续分布的事物，划定概念之间的界线就如同给大自然安上栅栏。问题是，栅栏并不是固定的，它经常在概念之间的轮廓地带飘移不定，引起无穷的争议。在行政审判中，确定概念一旦出现归类问题，往往争议很大，因为其结果通常涉及重要利益得失或者职权归属。比如，限制财产权行使的决定，其行为类型是行政命令或者禁令，如果限制达到剥夺的程度时，行为类型是否转变为征收？命令或者禁令不产生补偿问题，而征收则引发补偿，这个问题的裁量结果就涉及权利人的损失能否获得补偿。[③]再如，矿泉水、地热到底是矿产还是水？抑或既是矿产又是水？这个问题的裁量结果决定了应由矿产管理部门管辖，还是由水资源管理部门管辖。还有，水上餐船是建筑还是船？这个问题的裁量结果涉及水

[①] 参见［德］艾贝哈德·施密特·阿斯曼等：《德国行政法读本》，于安等译，高等教育出版社2006年版，第323页。

[②] 参见郑成良：《法律之内的正义》（第二版），法律出版社2022年版，第22页。

[③] 行政审判实践中已有将限制财产权的行政行为定性为管制性征收的探索。比如，高某承包的山林因被划入国家森林公园而无法就林木获得任何收益，遂起诉当地人民政府要求获得行政补偿。法院经审理认为，涉案林地由森林公园经营管理机构根据国家级森林公园总体规划进行经营管理，高某对涉案林地的承包经营受到了极大的限制，其经营权利的减损客观存在，当地政府应当对高某的损失进行补偿，据此判令当地政府限期作出补偿决定。参见河南省高级人民法院（2021）豫行终1638号行政判决书和河南省郑州市中级人民法院（2021）豫01行初356号行政判决书。

上餐船是否受城市规划法调整。

当然，确定概念中的行政裁量空间较小，这是由其概念的相对封闭性决定的。

五是法律规范缺失可引起行政裁量。"法无授权不可为。"一般情况下，法律规范缺失意味着行政机关无权作出行政行为，自然也不涉及裁量。但凡事都有例外，至少在配套规定或者程序规范缺失的情况下，可能存在行政裁量。比如，法律没有规定扣押物品的最长期限时，行政机关可以根据情况确定扣押物品的时间。

（二）合理性原则在司法审查的运用

用合理性原则来审查行政裁量，可以追溯到英国 16 世纪末的 Rooke 诉水利委员会案。[①] 该案中，法律授权水利委员会征集河堤维护费用，课征对象及数额由该委员会酌定。水利委员会修复泰晤士河堤后，仅向河岸土地权人 Rooke 征收了修护费，而未对因修护河堤免除淹水危险而获益的其他土地权人课征费用。Rooke 遂提起诉讼，主张所有因堤防未修护而将蒙受危险之附近土地权人均应公平负担此修护费用，不能仅因其土地紧邻河流即令其负担所有的工程开支。科克大法官在该案判决中称："虽然法律已授予水利委员会裁量权以决定修护费用课征之对象及数额，但此裁量程序仍

---

① See(1598)5 Co. Rep. 99b.

应依据法律及合乎理性","自由裁量权意味着,根据合理和公正的原则做某事,而不是根据个人的意见做某事……根据法律做某事,而不是根据个人好恶做某事",即其"不应是专断的、含糊不清的、捉摸不定的权力,而应是法定的、有一定之规的权力"。① 自此案开始,合理性原则开始成为对行政裁量进行司法审查的重要原则,并得到越来越广泛的应用。

1. 合理性原则的基本目标

合理性就是合乎理性。② 从应然的角度讲,法律是一套理性的制度。③ 合乎理性既是法律的目标,也是评判法律善恶良劣的标准。合乎理性的标准同样适用于行政裁量,立法者之所以留下选择的空间,绝不是让行政机关任意行事,而是要求其作出合乎理性的裁量。

那么何谓理性?自古以来争论不断,至今仍无定论。博登海默透过争议找到各种观点的最大公约数。他认为,无论持何

---

① 参见［美］施瓦茨:《行政法》,徐炳译,群众出版社1986年版,第568页。

② 合理性的英文对译词是"reasonality",理性的英文对译词是"reason",它们都是源自西方的学术术语,都源自同一拉丁词"ratio"。仅由两个词语的关系即可看出,合理性中的"理"就是"理性"。参见郑成良:《法律之内的正义》(第二版),法律出版社2022年版,第105页。

③ "自古以来,法律一直被倾向于看作某种理性的——宇宙的、神灵的或人类的理性的体现,近代启蒙运动对人类理性的张扬,更进一步从理论上支持和助长了法律制度理性化的运动,以致我们可以在相当程度上把近现代的法律看成是社会公共理性的制度化表现。参见郑成良:《法律之内的正义》(第二版),法律出版社2022年版,第102页。

种观点，人们都把理性当作思考和行动的参照系，其能够"为我们的观点寻找令人信服的根据"。[①]笔者认为，"令人信服"这个理性的最大公约数就是合理性原则的基本目标。也就是说，如果行政裁量能够令人信服，就可以认为其符合理性。

2. 合理性原则的主要内容

"令人信服"作为合理性原则的基本目标，为行政裁量指明了方向，但用于指导实践仍显空泛。在此目标下，行政裁量还需要准确把握合理性原则的主要内容，才能沿着正确的道路抵达"令人信服"的终点。笔者认为，公平正义是法律的核心价值。行政裁量只要符合公平正义的社会价值观，即可"令人信服"。基于此，笔者尝试结合实践探索尤其是司法审查经验，在行政裁量的主观和客观方面提炼出体现公平正义价值观的基本要求，作为合理性原则的主要内容。

主观方面有两个要求：

一是目的正当。诚实善意是法律之魂。裁量的出发点必须基于诚实、善意的目的，这是合理性原则的第一个要求。一位英国法官曾说过："自由裁量权总是包含着诚实善意的原则，法律都有其目标，偏离这些目标如同欺诈和贪污一样应当否定。"[②]另一位英国法官也曾讲道："毫无疑问，议

[①] 参见［美］博登海默：《法理学法律哲学与法律方法》，邓正来译，中国政法大学出版社1999年版，第260页。

[②] 参见［美］博登海默：《法理学法律哲学与法律方法》，邓正来译，中国政法大学出版社1999年版，第75页。

会不会给予任何法定机构恶意行事的权力，或让其滥用权力。"[1] 目的不当的行政裁量，把执法过程变成了对相对人的欺诈和算计，一旦泛滥，法律将充满陷阱。如此裁量，其外表再严谨也无助于促成人们的法律信仰，对法治没有帮助只有破坏。

二是虑事周全。1890年英国的Esher法官在其审理的R. v. St.Pancras案中指出："行政机关必须公正考量申请案，不应考虑法律上所不应考量之事项。假如行政机关在行使裁量权时已考虑不该考虑之因素，则此裁量为违法无效。"[2] 此案是把考虑周全作为行政裁量司法审查标准的早期经典案例。行政事项涉及的因素纷繁复杂，在裁量的过程中，哪些予以考虑，哪些不予考虑，以及各种考虑的因素占多少权重，都会影响行政行为的最终结果。比如，回迁安置房有电梯还是没有电梯，往往不是对错的问题，只是适当与否的问题，一般不会因此而认定房屋征收补偿安置行为违法，但是若把这样的房子安置给行动不便的八旬老人，行政裁量就可被认为构成明显不当。

行政行为存在选择余地的情况下，考虑不周就不能保证在可选方案中找到最好的或者较好的那一个。行政法上基本

---

[1] 参见［美］博登海默：《法理学法律哲学与法律方法》，邓正来译，中国政法大学出版社1999年版，第62页。

[2] 参见林惠瑜：《英国行政法上之合理原则》，载城仲模编：《行政法之一般法律原则（一）》，我国台湾地区三民书局1999年版，第178页。

找不到要求行政机关目的正当、考虑周全的要求，不是因为它不重要，而是因为它是普遍认可的道德通识，就如同刑法没有规定"不得杀人"一样，没有必要规定，只要规定违反通识时的后果就可以了。

客观方面有以下四个要求：

一是比例原则。站在社会评价的角度，一个公正的裁量必须要准确地把握分寸，而把握分寸的意思是，执法目的、执法手段和执法成本三者之间保持合适的比例。正如古希腊哲人所言："公正在于成比例；不公正则在于违反比例。"[①]

比例原则往往出现在法律的原则规定中。比如，《行政处罚法》第5条第2款规定："设定和实施行政处罚必须以事实为依据，与违法行为的事实、性质、情节以及社会危害程度相当。"《人民警察使用警械和武器条例》第7条第2款规定："人民警察依照前款规定使用警械，应当以制止违法犯罪行为为限度；当违法犯罪行为得到制止时，应当立即停止使用。"比例原则是司法审查中运用最多的一个标准。

二是平等对待。"平等是一种原则，一种信条。"[②]为什么一起不公正的事件，那么容易引起社会的不平之鸣？就是因为平等的信念深植于每个社会成员内心，所谓"每个人的心

[①] 参见［古希腊］亚里士多德：《尼各马可伦理学》，廖申白译注，商务印书馆2003年版，第136页。

[②] 参见［法］皮埃尔·勒鲁：《论平等》，王允道译，商务印书馆1988年版，第20页。

里都有杆秤"。而这种原则和信念就是消灭、改变事实不平等的决定力量。

平等原则的基本要求是同样情况同样处理，不同情况区别对待。在一个行政行为中，或者一个法律关系之下，行政机关对同样法律地位的人要同样对待，不能因人而异、厚此薄彼；不同法律地位的人要区别对待。《行政许可法》第5条第1款规定："设定和实施行政许可，应当遵循公开、公平、公正、非歧视的原则。"其中的"非歧视"就是强调平等对待。

三是遵循先例。作出行政裁量时与先前类似的行政行为大致保持一致，是平等原则在时间维度上的体现，也是法治统一性的内在要求。在美国，先例对行政机关虽然不构成严格意义上的法律约束，但是法院会特别注意行政机关改变其先例的行为。行政机关如果对事实认定和法律适用相同的案件作出两种截然不同的裁决，"法院是不能容忍的"。[①] 我国是成文法国家，遵循先例并不是一个法律原则，但是随着法治建设的深入，继司法领域率先推出案例指导制度以后，行政领域也越来越重视先例的作用。国务院提出的裁量基准中要求，行政机关"要平等对待公民、法人和其他组织，对类别、性质、情节相同或者相近事项处理结果要基本一致"。[②] 遵循先例是该要求的应有之义。

[①] 参见［美］施瓦茨：《行政法》，徐炳译，群众出版社1986年版，第574页。
[②] 《国务院办公厅关于进一步规范行政裁量权基准制定和管理工作的意见》（国办发〔2022〕27号）。

四是保障权益。在行政法律关系中,公民处于明显弱势,很容易成为受伤害的一方,保障公民权益由此显得尤为重要。"行政法的目标就是要纠正这种不平等","这也是衡量行政法体系完备程度的标准"。[①] 因此,权利保障要求对于所有行政活动都具有普适性,在合理性原则中具有兜底作用,也是合理性审查的重要内容。

3. 司法审查运用合理性原则的尺度

合理性原则各项内容的精细程度可以无限延展,最终导向一种至善的境界。行政机关在裁量时应当追求至善,但司法审查涉及司法权与行政权的关系,运用合理性原则审查行政裁量时,标准不宜过高。否则,将造成司法权过深地介入行政领域甚至代替行政权,使行政权因动辄得咎而难以发挥效能。鉴于此,司法审查运用合理性原则的尺度必须确定在一个务实的水平上。

在司法审查中,以合理性原则的各项内容评判行政裁量是否达到了"令人信服"的程度,关键在于如何理解"令人信服"中的"人"。笔者认为,这里的"人"通常指的是社会一般人,取的是所有人在经验、知识、伦理道德观念等方面的平均值。假如行政裁量是一场考试,行政机关应当以100分的合理性为追求目标,但是司法审查采用的是社会一般人的标准,在社会一般人看来,行政裁量只要达到60分的"及格线",就

---

① 参见[美]施瓦茨:《行政法》,徐炳译,群众出版社1986年版,第25页。

可以通过审查。这一标准可以称为基本合理。基本合理是一个分界点，其上为合法区间，其下则为违法区间。在合法区间，行政行为处于一种合法不合理的状态。[①] 行政裁量在合理性上只有较轻的瑕疵，但基本面还是合理的，因此行政行为的合法性不受影响。随着合理性瑕疵的加重，构成明显或者严重不合理时，就越过了基本合理的分界点，行政裁量因基本面不合理，与公平正义的价值观相悖而归入违法。

按照基本合理标准，司法审查对一般的合理性问题秉持谦抑态度，仅仅聚焦于明显或者严重的不合理。而在不同类型的裁量问题中，对"明显或者严重的不合理"的理解有宽窄不同的区别，导致基本合理标准的含义也在一定幅度或者范围内浮动。而法律概念和裁量方向的确定性[②]、行政事项的急缓、专业复杂程度、行政行为是授益还是侵益、案涉权益的重要性等因素，都可引起司法审查尺度的浮动。

[①] "形式合法的概念把法律、法规等制定法看成一个构筑行为规范的法律框框，框框之内，行政机关的自由裁量不受限制，于是才有了'合法不合理'的问题。实质合法的概念则强调框框之内还有细格，行政机关越出这些细格也属违法。据此，'合法不合理'的问题也属于合法性的范畴。"参见何海波：《论行政行为"明显不当"》，载《法学研究》2016年第3期，第71页。笔者赞同实质合法的观点，但同时认为在实质合法概念下亦不能消除合法不合理的情形，因为"框框之内的细格"里面仍有裁量空间，而有裁量就可能出现不合理的情形。

[②] 从法律条款可以分析出裁量的方向是否已经明确。法律在规定行政机关作出特定行政行为的同时，还规定有特殊情况的除外，就是方向确定的裁量。也就是说，行政裁量的方向是原则上应当作出特定行政行为。如果法律规定的行政裁量多种选择是并列的，没有突出哪个选择，就是方向不确定的裁量。后者的裁量空间更大。参见王振宇：《行政裁量之司法审查模式建构》，中国社会科学院2008年博士学位论文，第32页。

（三）滥用职权之具体表现

行政裁量主观方面不符合理性的情形构成滥用职权，具体包括目的不当和考虑不当。

1. 目的不当

目的不当主要表现为行政行为的目的不符合法律目的。

第一，确认法律目的。判断行政裁量的目的是否正当，首先要知道其法律目的是什么。有的法律规范在赋予行政裁量权时明确指出目的何在。比如，某省规定："为防止重复建设，新建加油站凡在地、州、市（不含县级市）所在地以上城市一般应相距两公里以上，高等级公路在十公里以上，其他在五公里以上。"据此，加油站间距的确定，属于行政裁量范围，而行政裁量所应遵循的目的在于防止重复建设。由此，我们就找到了目的不当的判断依据。然而，明确规定裁量目的的情况少之又少。笔者认为，在没有明确规定裁量目的的情况下，可以运用逆推法，或者辅之以体系解释、法意解释等适当的方法综合判断。

第二，确认行为目的。判断行为目的的困难在于，关于执法者的主观状态是否为恶意的事实，我们无法直接观察到，只能借助间接方式加以分析。一般分为两步：一是借助经验分析行政行为可能涉及的目的。比如，合同双方发生纠纷后，一方当事人认为遭到另一方诈骗，公安机关对嫌疑人采取收容审查，并对财产采取了扣押措施。该措施既可能是出于侦查犯罪的目的，也可能出于替第三人追讨债务的目的。二是借助查明的案件事实或者相关事实，进一步确认其真正目的。比如上述案件，如果没有其他情况，则不能排除其采取的强制措施有侦查犯罪的目的。如果公安机关在采取强制措施后，把财产直接给了第三人，然后解除收容审查并终结案件，则可确认扣押财产的目的不是侦查犯罪案件，而是为了给第三人讨债。再如，某商店有违法行为但较轻微，通常在幅度下限罚款，但执法人员予以顶格处罚。如果查明执法人员有过索要不当利益遭拒的情况，就可以推定其罚款畸重的原因是报复，除非其能提供足够的反证。

第三，目的不当的表现形式。目的不当有两种主要形式：一是偏离。行政行为名为执法，实为追求违法利益。比如，行政机关定期到生产假冒伪劣产品的企业收取罚款，企业交过罚款还可以继续生产经营假冒伪劣产品。处罚成为变相收费，偏离了法律目的。二是错位。行政行为的客观结果有利于公益，但不符合特定法律的目的。公安机关以刑事侦查为名插手经济纠纷，虽然有时可以解决民事纠纷，甚至效果可能比民事诉讼还要好，但有违刑事诉讼法赋予其侦查权的目的。

第四，目的混合的甄别。"有时一个行政行为可以服务于两个或更多的目的，其中有的有授权，有的则没有。"[①] 行

---

① 参见［英］威廉·韦德：《行政法》，徐炳等译，中国大百科全书出版社1997年版，第91页。

政审判遇到的行政行为，很多都有合法目的与非法目的混合或者疑似混合，成为判断的难点。笔者认为，依矛盾论观点，可以根据矛盾的主要方面来确定主要目的。若除去非法目的，就不会有行政行为的作出，或者即使作出行政行为，结果也会有实质变化，则非法目的为主要目的，就可以认定存在目的不当；若除去非法目的，行政行为仍将作出且结果没有实质变化，则合法目的为主要目的，就不能认定存在目的不当。比如，某地公安机关热衷于抓赌，以从赌资中获益。该公安机关对赌博作出处理决定后，将赌资充当办案经费。执法活动不能排除合法目的，但显然混入了牟取不当利益的目的。对此需要进一步调查和分析。如果无论公安机关是否有牟取不当利益的想法，赌博行为都会客观发生，则该行为就未受非法目的的影响，合法目的就占据主流，而非法目的的存在不足以否定处理决定的合法性。至于非法目的问题，可另外依纪依法作出处理。如果赌博的发生系卧底人员怂恿、引诱的结果，非法目的就直接促成了赌博行为，也就是说，没有非法目的，赌博行为很可能不会发生，非法目的就是该处理决定的主要目的。在这样的非法目的的驱使下，执法活动变成了恶劣的"警察圈套"，每个无辜的公民都可能深受其害，行政审判对此必须坚决纠正。

2. 考虑不当

考虑不当通常有遗漏应当考虑的因素和考虑了不应当考

虑的因素这两种表现形式。考虑是否适当的判断，以对应当考虑的因素进行准确识别为前提。

法律就一些重要问题给行政机关赋权时，有时会把应当考虑的因素明确地规定出来。比如《水法》规定，跨流域调水，应当进行全面规划和科学论证，统筹兼顾调出和调入流域的用水需要，防止对生态环境造成破坏。基于立法技术的限制，多数情况下法律不会把应当考虑的因素明确列出，只能结合相关法条，主要是总则或者一般规定，推导出应当考虑的事项。但是总则涉及的考虑事项往往范围较广，比如《城乡规划法》总则规定的考虑事项，大大小小有近三十个。在特定案件中，需要进一步甄别，方能判断考虑是否正当。其中，能够借助的工具有如下两种。

一是事理。所谓事理，又称事物性质或者事物本质。按照事理，行政裁量时应当考虑与行政任务具有内在联系的事项，不应当考虑与行政任务没有内在联系的事项。比如，《公务员法》对于公务员的身高和外貌没有写明具体条件，如果行政机关组织公务员考试时，对报名者的身高和外貌提出了很高的要求，则须追问其考虑的因素是否具有相关性。笔者认为，其考虑是否正当，应视岗位要求而定。如果不是对身高和外貌有特殊要求的岗位，则此种要求缺乏正当性。

事理与科学相通，很多情况可以相互代替。行政裁量如有科学依据，就可以令人信服。比如，某甲从高楼坠地时，尚有生命迹象。某甲的母亲恳求现场处理的民警马上用警车将其子送医。民警拒绝并请其等待120急救车，某甲最终因抢救无效而死亡。某甲的母亲质疑民警见死不救，未履行保护人民的法定职责。如何评价民警拒绝送治的行为？法律虽无规定，但根据医学专家意见，高空坠落的人多会发生筋骨断裂，须借助专门设施并经专门训练的人员处理，方可无虞。这里的"医学专家意见"就是科学依据，据此可以认定，民警拒绝某甲母亲的请求，具有合理性。

当然，科学依据不限于自然科学，也包括社会科学。英国有个判例：市政府以支付公务员的工资过高为由决定收回超额部分，引起诉讼。英国最高法院认为，公务员的工资数额，虽然依法可由行政机关裁量确定，但"市政府受雇人薪资之决定必须参考既存之劳动条件，如恣意而为，将逾越裁量之范围"。[1] 所谓"既存之劳动条件"，就是经济学上的价值定律，而价值定律亦为事理的表现形式之一。

科学是事理的内容，逻辑则是事理的形式。行政裁量如能经得起逻辑的检验，则具有很强的说服力。按照有关规定，只有因从事"与完成工作任务有关"的活动受伤，才能认定工伤。那么，如前所述，工人上班期间因上厕所摔伤是否属于"与完成工作任务有关"，事关能否认定工伤。法院的分析过程是，首先，从《劳动法》关于"劳动者享有获得劳动安

---

[1] ［1925］A.C.578.转引自林惠瑜：《英国行政法上之合理原则》，载城仲模编：《行政法之一般法律原则（一）》，我国台湾地区三民书局1999年版，第178~179页。

全卫生保护的权利"之原则规定，导出企业负有为劳动者提供饮水设施、淋洗设备、盥洗设备、卫生间等生产辅助性设施的义务，进而导出工人在上班时间使用上述设施包括基于生理需要上厕所的行为，系与"完成工作任务有关"的大前提。其次，把对照大前提要件查明的案件事实，即工人有上班时间基于生理需求上厕所的事实，作为小前提。最后，得出该工人应予认定工伤的结论。[①] 经过如此分析得出的结论，之所以显得可信，都是源自逻辑的力量。

行政裁量中，将案件事实归入特定法律概念的归类难题比较常见，而解决问题的最好办法就是对照概念的重要特征。比如，水上餐船是否属于规划法调整的建筑，关键就要看是否符合建筑的特征。正如世界上没有两片完全一样的树叶，建筑可以从不同角度归纳出无限多的特征，这样的对比毫无意义。在建筑的诸多特征中，规划法强调的主要特征是占地。如果餐船之上尽管架起楼阁，但其仍游弋水上，则不是建筑。如果其拆除动力装置后固定在水面之上，并与城市排污设施相连，则可认定为建筑。

二是情理。所谓情理指的是道德和风俗习惯。海瑞总结了一套独特的案件决疑方法。他说："凡讼之可疑者，与其屈兄，宁屈其弟；与其屈叔伯，宁屈其侄；与其屈愚直，宁屈刁顽。事在争产业，与其屈小民，宁屈乡宦，以救弊也。事

[①] 参见何某诉成都市武侯区劳动局工伤认定行政行为案，载《最高人民法院公报》2004 年第 9 期。

在争言貌，与其屈乡宦，宁屈小民，以存体也。"[①] 其维护封建道统的内容应予批判，但其运用的道德考量方法值得借鉴。笔者认为，其对行政执法和行政审判的直接启示为：裁量中应当选择最符合道德要求的方案，不选择有明显道德瑕疵的方案。今天的道德考量应当站稳人民立场，"把屁股端端地坐在老百姓的这一面"。只有这样，才能让人民群众感受到公平正义。比如，以行为基准时判断，行政机关作出原行政行为时并不违法，但事后证明该行为的事实基础不存在，且对当事人的合法权益构成损害。如果当事人请求撤销原行政行为，行政机关不是简单以行为作出时不违法为由予以拒绝，而是认为自己负有继续处理的职责，并根据新的事实作出纠正原行政行为的处理决定，就是一个道德上正确的选择。

行政裁量中，对风俗习惯应当给予足够尊重，在与法无妨时不要去破坏它。依照《草原法》规定，行政机关可以在草原上指定行车路线，如果当地人们多年来已经形成了习惯路线，就应当优先考虑。如果没有任何理由，直接另辟新路，可能构成滥用职权。

好的习俗与社会道德相辅相成，德润人心。法律对"良俗"的重视程度与"公序"无异。在行政裁量中，风俗习惯蕴含的正能量越大，就越受重视。但是一般的风俗习惯，只要不是有害的、落后的，亦应尽量包容。比如，某地市场有

---

① 参见梁治平：《法意与人情》，中国法制出版社2004年版，第256页。

很多小百货摊位，所卖货品中都有手电筒。二十年来行政机关一直未加干预，后来却处罚了其中一个摊位，理由是超范围经营，因为其经营范围是小百货，而手电筒属于小五金，不属于小百货。至于手电筒的归类，法律规范并不明确。笔者认为，手电筒如何归类，存在裁量空间。把手电筒当作小百货，在当地市场早已成为习惯认识，行政机关对依循该习惯而为的经营者予以处罚，欠缺正当性。

情理的运用需要注意以下两点：一是情理具有地方性，在一处不合情理之事，在另一处可能就是合情合理的；反之亦然。比如，英国曾有一名老师，因为染了红头发而被学校辞退，该行为被法院以不合情理为由撤销。如果换做比较保守的国家，情况可能完全不同。二是情理具有时代特征。英国1932年星期日娱乐法将星期日开放使用电影院合法化，并授权行政机关核发执照得附加"其认为适当"的限制条件。某电影院申请核发准演执照后，行政机关虽然准予星期日开放使用电影院，但规定下列条件：15岁以下之孩童，无论是否由成人陪同，均不准入场。某电影院提起诉讼，但未获得法院支持。法院驳回诉讼请求的理由中提到，"无人敢言孩童的福利及身心健康非主管机关应列入考虑之因素"。[①]这样的案件如果发生在今天，被告的行为很有可能被认定违法。之所以有这样的差别，原因就在于随着时代的变迁，社会道德

---

① 参见林惠瑜：《英国行政法上之合理原则》，载城仲模编：《行政法之一般法律原则（一）》，我国台湾地区三民书局1999年版，第178~179页。

标准发生了改变。"明者因时而变,知者随世而制。"行政法官裁判时不可不察。

(四)显失公正的表现形式

行政裁量客观方面不符合理性的情形构成显失公正,具体包括违反比例原则、违反平等对待原则、违反遵循先例原则、忽视权益保障原则四种情形。

1. 违反比例原则

违反比例原则有三种表现形式。

一是违反适当性原则。适当性原则指的是,在有多种执法手段可以选择时,应当选择有助于实现执法目的的手段。也就是说,手段对目的而言是适当的。如果选择的手段无助于实现执法目的,则违反了适当性原则。比如,对于企业生产假冒伪劣产品的行为只罚款、不制止,罚款的效果就相当于从违法企业获取"利润分红",手段与目的显然不适当。

二是违反必要性原则。必要性原则要求行政机关在有助于实现执法目的的执法手段存在多种方式可供选择时,应当选择对相对人侵害最小的方式。因此,必要性原则又称最小侵害原则。行政裁量如果选择侵害较大的方式,可能构成显失公正。比例原则的三个子原则中,必要性原则在实践中的应用最为广泛。

必要性原则的适用,往往以行政机关的首次判断为前提。

比如，规划部门对于在文化名街超批准高度建楼的行为，径行决定将超高部分全部拆除。依照当时的法律规定，上述违法建设只有构成"破坏文化名街的整体风貌"时方可拆除，否则只能罚款保留。诉讼中规划局提出，站在路口观察，该楼超高部分遮挡了文化名街标志性建筑的尖顶，构成"破坏文化名街的整体风貌"，遮挡部分应全部拆除。法院认为其以遮挡标志性建筑尖顶作为标准具有合理性，可以采纳；而路口观察的结果却是，超高部分只有一小部分被遮挡。据此判决："上诉人所作的处罚决定中，拆除的面积明显大于遮挡的面积，不必要地增加了上诉人的损失，给被上诉人造成了过度的不利影响。"[1] 笔者认为，超批准高度建楼是否属于"破坏文化名街的整体风貌"，对于这样的裁量问题，应由专业行政机关作出首次判断，这是法院适用必要性原则审理此类案件的重要前提。故此，首次判断对于规划局来讲，既是权力，也是职责。规划局对于超批准高度建设是否构成"破坏文化名街的整体风貌"未作分析，即直接决定拆除，等于没有履行首次判断的职责，本已构成裁量怠惰，但规划局在诉讼中以路口观察方式所作的补充判断弥补了这一瑕疵。而该补充判断在得到法院认可后，就成为认定被诉行为是否符合必要性原则的重要依据。

有时，行政决定本身不具有裁量性，但该决定具有损害

---

[1] 参见黑龙江省哈尔滨市规划局因哈尔滨市汇丰实业发展有限公司诉其行政处罚上诉案，最高人民法院（1999）行终字第20号行政判决书。

外溢的较大风险时,行政机关在如何防止或者减少风险的问题上,往往具有较大的裁量空间。必要性原则要求行政机关秉持最大的善意,结合案件具体情况,在作出不利处分的同时,将相关利益损害的风险控制到最低程度。比如,农民王某因未交纳交通规费,在驾驶手扶拖拉机时,被交通部门设卡拦截并依法扣押其主车。因当时在野外,手扶拖拉机拖斗所载15头生猪无法安置,王某遂请求允其先将生猪暂存附近朋友家中,再行扣留。执法人员当即拒绝,将拖斗强行卸下后,驾驶主车离去。由于正值夏日正午,酷暑难耐,拖斗倾斜造成生猪相互挤压、兼之缺水,最终全部死亡。法院审理认为,虽然交通部门依法有权采取扣押车辆的措施,但在有对相对人损害更小的方式可以选择时,却选择了侵害较大的方式,明显不当,构成违法。[①]

三是违反均衡性原则。均衡性原则又称狭义比例原则,其要求是,行政裁量要对案涉利益进行权衡,尤其要衡量可能的执法成本与执法收益,只有执法收益明显高于执法成本时才可以采取。如果执法成本大到无法控制,如同"用大炮打小鸟"那样,则宁可不采取行动。比如,逃犯跑进闹市区,警察能否开枪,就是一个需要考虑执法目的、自身枪法、现场复杂性等因素的裁量过程。如果伤及无辜的风险过大,仍没有分寸地贸然开枪,一旦风险变成现实,就可能因此承担

[①] 参见王某诉中牟县交通局行政赔偿纠纷案,载《最高人民法院公报》2003年合订本,第400~405页。

责任。

一般来讲，特定的行政措施存在重大风险时，应当优先选择低风险方式，在低风险方式不能奏效时再选择该特定的高风险方式。比如，行驶在高速公路的汽车被撞变形，车门无法开启，司机被夹在座位上生死未卜。警察在采用撬杠等方式无法打开车门的情况下，用气焊切割打开车门，救出司机送往医院，但司机已经死亡。而气焊切割又导致汽车起火，事先准备的灭火器未能扑灭，轿车被完全烧毁。司机家属提起行政赔偿诉讼，法院判决以警察施救行为合法为由驳回其诉讼请求。[①] 笔者认为，这种高风险而又必做之事，不能以结果论英雄。只要行政机关遵循风险由低到高的顺序选择了具体方式，在最终选择高风险方式时又采取了防范措施，即应得到认可。

2. 违反平等对待原则

违反平等对待原则有三种具体表现：一是同样情况不同处理。比如，两人违反治安管理，构成共同违法且情节类似，但行政机关对甲的处罚明显轻于乙。二是不同情况没有区别对待。比如，行政机关不考虑数人在共同违法行为中的作用有主次之分，一律给予同样的处罚。三是区别对待与实际情况不符。比如，甲乙双方发生纠纷，本是甲寻衅滋事动手打人在先，乙被迫还击，双方均有轻微伤，只是因为甲受伤相

[①] 参见陈某诉庄河市公安局行政赔偿纠纷案，载《最高人民法院公报》2003年合订本，第398~400页。

对较重，行政机关就只处罚乙而不处罚甲。这样的区别处理与双方行为的性质完全相反，是对平等原则的破坏。

平等对待注重本处理与相关处理之间的比较，如果处理结果明显失衡，即使被诉行政行为合法，行政机关亦可能败诉。比如，行政机关工作人员开罚单不给收条，与相对人发生口角，引起互殴。公安机关只对相对人作出拘留10天的决定，而未处理工作人员。相对人起诉后，法院以显失公平为由判决撤销了处罚决定。

综上，在本处理和相关处理的相对人，都是同一个事件的当事人（或为冲突的双方，或者同属其中一方）的情况下，如果处理上厚此薄彼，对朴素的正义观将造成很大的冲击。以上述最后一个案件为例，退一步讲，即使依法可以拘留相对人，但对行政机关工作人员的明显偏袒亦使人忿忿不平，无法让人感受到公平正义。从某种意义上说，平等对待原则的适用应当比单纯合法性审查更加优先。

3. 违反遵循先例原则

准确判断是否违反先例，必须弄清楚两个问题：

一是何谓"先例"。一般认为，先例是行政机关反复施行的某种做法或者措施。

先例必须合法。遵循不合法的先例将法律适用引入错误的轨道，这是需要特别警惕的。多年前拆除违建的行政案件中，当事人经常提出的诉讼理由是"为什么他人的违法建筑不拆，只拆除我的？"笔者认为，选择性执法有违公平正义，应当通过严格执法加以解决。而不拆除其他人的在先违建并不能改变其违法性，故当事人援引遵循先例原则，要求行政机关降低应有的执法标准，不能得到法院的支持。

先例通常是先前作出的行政行为，也包括通过大量探索提炼出的通行做法，其载体多为行政批复，也可能体现在其他载体上。比如，从前法律没有规定申请企业登记的文件是否应为原件，但是原国家工商行政管理总局监制的申请表所附"敬告"中要求，原则上应当提交原件，其表明了登记的一种通行做法，可以作为先例予以参考适用。[①]

二是如何把握"遵循"？问题的关键是，如何理解先例的效力。先例不是法律渊源，没有法律规则的效力，但并不是没有任何拘束力。笔者认为，先例具有柔性的拘束力。也就是说，先例虽然不是必须遵守，但与先例做法不一致时，必须要有足够的理由。

先例的拘束力因载体不同而有区别。一般来说，行政批复的拘束力接近于法规范，通行做法次之，行政行为最弱。行政行为作为先例的拘束力，还有进一步甄别的必要。一般来说，行政行为的数量越多、分布越集中，拘束力越强，反之则越弱。20世纪60年代，美国拳王阿里拒绝应征入伍，被判有罪。纽约州体育委员会以此为由暂停其拳击许可后，

[①] 参见本书第二部分"经典案例分析"中的第6个案例《行政自我拘束原则的适用》。

阿里起诉获得胜诉。其之所以胜诉，是因为他向法院提交了一份名单，说明有九十多名重罪犯尽管判了罪，仍获准在纽约州拳击。法院据此认为，鉴于纽约体育委员会已经给九十多名犯有罪行的人颁发了拳击许可，可以认为该州存在许可罪犯拳击的惯例。在这种情况下，暂不允许阿里从事拳击就是违法的，因为它专断地、不合理地背离了既成惯例。"法律不允许行政机关许可某人做此行政机关在同样情况下不许可别人做的事。不应当星期一用一种原则，星期二用另一种原则。一个普遍适用的原则不得在某特定案件中完全被废弃。"①

4. 忽视权益保障原则

"尊重和保障人权原则既是宪法的基本原则，也是行政法的基本原则。"② 行政行为影响的范围广泛，不仅对象范围广泛，受到影响的权益也是复杂多样的。尽管受限于行政目标，无法给所有的权益都提供充分的保护，但还是应该保持足够谨慎，尽可能予以促成和保全，非出自不得已，不要轻易损害。笔者认为，权益保障在合理性原则中，具有兜底作用。实践中，行政裁量忽视权益保障，主要有两种情形：

---

① 参见［美］施瓦茨：《行政法》，徐炳译，群众出版社1986年版，第575页。
② 参见姜明安：《法治的求索与呐喊》，中国人民大学出版社2012年版，第514页。

一是裁量怠惰。对行政机关而言，行政裁量既是选择空间，也是职责。行政机关不进行合理选择，直接选择不利于相对人的消极方案，此种显失公正的做法可归入裁量怠惰。《行政复议法》规定，行政复议以书面审查为原则，但复议机关认为有必要时，听取当事人意见。"是否必要"就是赋予复议机关的裁量权。甲申请复议，请求撤销乙的许可证。复议机关在没有听取乙的意见的情况下，决定撤销乙的许可证。法院认为，复议机关不听取乙的意见，明显不符合正当程序，构成违法。[①] 笔者认为，此类问题的根源在于，行政机关忽视相对人的程序权利，怠于履行合理裁量的职责，直接选择便利自己而不利于相对人的方式。在某些执法领域如整顿矿山、规范烟花爆竹市场等，有的行政机关忽视相对人实体利益的保护，简单关闭不予补偿。还有，工商机关将不配合调查者的财产视为无主财产处理时，无视质权人的存在。诸如此类的情形均可称为裁量怠惰。

二是权衡失当。利益权衡是行政裁量的一种基本方法。行政行为所损害的利益与实现行政目的带来的利益之间，存在永恒的张力。做好两者之间的权衡，就是合理性原则的应有之义。在受损利益大于目的利益时，则应慎重评估行政行为的可行性。比如，美国某宗教团体举行宗教仪式需要一种叫作 Hoasca 的兴奋茶。Hoasca 属于毒品范畴，但它对于该团

[①] 参见辽宁省高级人民法院（2016）辽行终 192 号行政判决书。

体非常重要，没有它，宗教仪式无法进行。在宗教团体从外国进口 Hoasca 的过程中，联邦政府发现并禁止进口，引起诉讼。美国联邦最高法院最后以 8∶0 判决联邦政府败诉。判决着重指出，这种以 Hoasca 名字命名著称于世的茶，对于该教派的仪式举行来说至关重要，其重要性超过了禁止进口所增进的公共利益的重要。[①] 本案中，法院解决棘手难题的方法就是利益权衡。

实践中，打击买赃（也包括购买走私物）与保护善意取得之间的权衡，曾经是一个争议很大的问题。早期行政机关在这个问题上不承认善意取得的存在。即使在购买人无从发现物品的瑕疵，且支付了合理对价，并办理了合法手续（虽然违规但购买人无从知晓）的情况下，仍然一追到底，一律追缴。《治安管理处罚法》出台后，这种做法应当有所改变。该法规定违法买赃的情形为"收购公安机关通报巡查的赃物"和"有赃物嫌疑的物品"，这两种情形均以购买者对物品瑕疵知情或者应当知情为要件，为善意取得的保护留下了空间。

[①] See Gonzales V.O Centro Espirita Beneficente Uniao do Vegtal［2005］.

六、国家赔偿审判新发展[*]

【审判经验总结】

国家赔偿是法治国家必备的制度，应当随着法治进步而不断完善；国家赔偿以救济为本位，要落实人民性的司法理念，做到依法兼能动，能动不破法；国家赔偿审判在国家赔偿工作中具有核心地位，加强国家赔偿审判应遵循不求做大但求做强的思路。《国家赔偿法》实施以来，国家赔偿门槛按照朝着有利于救济的方向不断降低和完善。确认程序的发展集中体现为确赔合一原则的确立和运用。赔偿程序的发展主要体现为国家赔偿审判精细化。

【正文】

国家赔偿审判的发展正处在难得的窗口期。新时代新征程上，全面依法治国、国家治理体系和治理能力现代化、加强人权司法保障等新任务，在对国家赔偿审判提出更高要求的同时，也为国家赔偿制度的全面完善提升注入了巨大的推

---

* 根据笔者在面向全国赔偿审判系统的"国家赔偿暨司法救助大讲堂"2022年首讲，所作题为《国家赔偿审判疑难问题研究》的讲座内容整理。

力。总结经验是解决问题完善制度的首要一步。鉴于此，本部分从国家赔偿审判的角度，对《国家赔偿法》实施28年来的创造性经验和有益做法，进行了全面的梳理和总结。全文分为四个部分。

（一）国家赔偿的定位

1. 制度定位：法治国家必备

博丹的主权理论认为，主权是共同体所有的绝对的永久的权力（Sovereignty is the absolute and perpetual power of a commonwealth）。[①] 绝对性是指主权至高无上、不受限制。主权者在国际上不受其他主权者约束，是为主权豁免；主权者在国内不受法律约束，是为责任豁免。"国王不能为非""公法上所建立的政府不受自己法院追诉"，这些传统观念都是责任豁免的体现。

责任豁免与人治相合而与法治相斥。主权在君是人治的思想基础。君主就是主权者，所谓"朕即国家"。国家机构犹如君主之手，两者浑然一体，故国家机构与君主同享责任豁免。主权在民是法治的思想基础。人民虽然是主权者，但并不是君主那样的实体，而是集合概念，无法直接掌握国家机构。在两者并非一体的情况下，如果继续让国家机构享受主权者的待遇，那么责任豁免就使其享有侵权不担责的特权，

---

① 参见［法］博丹：《论主权》（影印本），中国政法大学出版社2003年版，第1页。

作为主权者的人民很容易被其反噬。因此，法治时代的主权者仅限于人民。国家机构不仅不宜享有主权者的待遇，而且作为落实人民意志的工具，必须服从于集中体现人民意志的法律。按照法治的逻辑，国家机构如果违反了服从法律的义务，即应承担相应的责任。可以说，国家责任的出现，在法治时代具有必然性。

法治之光可融责任豁免之冰，但并不是法治的阳光乍现，责任豁免的坚冰就立刻消融。美国在接受英国普通法制度时，连同"国王不能为非"的封建信条也一并继承过来，表现出传统观念转变的滞后性。[1] 美国直到建国一百多年后，公民起诉国家仍然遭到一些法官的抵触。霍尔姆斯大法官曾说过："控告国家如同对天挥拳一样，正是天空滋养了人的精力，使人能够挥拳。"[2] 笔者认为，尽管"冰冻三尺非一日之寒"，但只要法治的艳阳高照不止，责任豁免的坚冰必定不断消融。时至今日，随着世界各国国家赔偿制度的不断完善，责任豁免的范围日益缩小。行政赔偿随着行政诉讼制度的发展，责任豁免已经被挤压在很小的范围内，只在特别权力关系领域仍有残留；司法赔偿中责任豁免虽然仍可称为原则，但亦有不断收缩之势，继冤狱赔偿或者刑事补偿在刑事司法领域打

---

[1] 参见马怀德：《国家赔偿法的理论与实务》，中国法制出版社1994年版，第22页。

[2] 转引自张正钊主编：《国家赔偿制度研究》，中国人民大学出版社1996年版，第227页。

破责任豁免的坚冰后，非刑事司法领域的强制措施及其有关事实行为致损的情形亦被纳入赔偿范围，有些国家和地区近年来将民事、行政诉讼中特定情形的错判纳入赔偿范围，更是具有特别重要的意义。可以说，国家责任是法治的必然产物，而国家赔偿在国家责任体系中占据核心地位，[①]因此，国家赔偿已经成为法治成熟的重要标志之一。

我国1982年《宪法》第2条规定，中华人民共和国的一切权力属于人民。该法第41条第3款规定："由于国家机关和国家工作人员侵犯公民权利而受到损失的人，有依照法律规定取得赔偿的权利。"这为受到公权力侵害的人申请赔偿提供了宪法依据。在此基础上，1994年《国家赔偿法》才得以制定。新时代实行全面依法治国，法治建设正在迈向高度成熟，这对国家赔偿审判提出了更高要求，人民法院必须要按照国家治理体系和治理能力现代化的要求，进一步巩固、完善和提升国家赔偿审判制度，让人民群众在每一个司法案件中感受到公平正义。

2. 功能定位：救济本位

国家赔偿的功能定位尽管仍有争议，但救济为主，监督

[①] "以国家责任作为赔偿、补偿、救助等关联救济模式的上位概念，构建以国家赔偿制度为核心，以国家补偿、国家救助和社会保障制度为延伸的统一的国家责任体系，打破公法权利救济局限于国家赔偿的'一亩三分地'，彻底解决救济不充分、保障不完善、体系不完整的问题，不仅是破解当前公法权利救济困境的实际需要，更是建设法治中国，推动国家治理体系与治理能力现代化不可回避的选择。"参见陶凯元：《法治中国背景下的国家责任论纲》，载《中国法学》2016年第6期。

为辅的格局已是不争事实。[1] 这一功能格局被学者称为"救济本位"。[2] 为把国家赔偿的救济功能落实到位，最高人民法院继 2019 年在杭州会议提出"当赔则赔""把好事办好"的工作理念之后，在 2021 年又提出人民性的司法理念。其要义为情系人民、敢于担当、充分履职、系统思维。[3] 笔者认为，在方法论的意义上，实现人民性的司法理念，关键在于做到以下两点：

一是依法兼能动。所谓"依法"，强调法律实施不仅要循法而行，而且要不打折扣。所谓"能动"，强调要以发展的眼光、积极的态度去理解和适用法律，把规范弹性转化为权利保护的法律红利。法谚有云："法律乃公正善良之术。"法官的职责就是把法律的公正善良变成现实。因此，能动也经常体现为某种司法善意。在国家赔偿审判中，只有把"依法"与"能动"很好地结合起来，才能让人民群众在每一个案件中感受到公平正义。比如，2010 年《国家赔偿法》设定精神

---

[1] 关于国家赔偿的功能定位，有一元论和二元论之争，二元论中又有以谁为主的不同看法。有一种观点认为，法院国家赔偿审判机构应当定位于司法监督机构。参见江勇：《国家赔偿工作的定位和改革路径选择》，载《法律适用》2020 年第 19 期。这一观点致力于提升国家赔偿审判的司法权威，其实践价值应予高度肯定。但笔者认为，不告不理是司法审判的本质特征。国家赔偿审判如果没有赔偿申请，就不能审查，不能审查就没有监督。从制度设计整体看，救济是首要功能，监督是附带而为。

[2] 参见马怀德、孔祥稳：《我国国家赔偿制度的发展历程、现状和未来》，载《北京行政学院学报》2018 年第 6 期。

[3] 参见最高人民法院副院长陶凯元在第三次全国法院国家赔偿审判工作会议（2019 年于杭州）以及全国法院国家赔偿审判暨司法救助工作座谈会（2021 年于长春）上的讲话。

损害抚慰金时未规定标准。在抚慰金配套标准出台前，如果符合求偿条件的受害人请求支付精神损害抚慰金，法院依法应予支持；至于精神损害抚慰金数额，法院则应在裁量空间范围内，通过司法能动加以酌定。有的法院以"国家对精神损害抚慰金没有规定支付标准"为由不予支付，则显然既不"依法"，也不"能动"。

二是能动不破法。"能动"是把法律正义变成个案正义的催化剂，最能体现司法智慧，但其运用并非法官的任意选择。总体来说，司法能动受制于法，其作用大小也取决于法留有多大的空间。在法律足够明确时，则只能强调"依法"；在法律不明确或者特定情形导致法律变得不明确时，"能动"才有用武之地。比如，超过残疾赔偿金、辅助具费、护理费给付年限后，受害人仍然健在且损害继续发生的，是否可以再次申请支付？民法上已有可以再次申请的规定，在国家赔偿中能否适用？最高人民法院的意见是，可以再次申请支付护理费和辅助具费，但残疾赔偿金的支付请求不能支持。[①]因为《国家赔偿法》关于残疾赔偿金"最高不超过国家上年度职工年平均工资的二十倍"之规定已经明确地否定了再次申请残疾赔偿金的可能，故民法上有关残疾赔偿金可以再次申请之规定即无能动适用之余地。至于护理费和辅助具费能否再次申请的问题，因《国家赔偿法》没有明确规定而使得司

---

① 参见本书第二部分"经典案例分析"中的第14个案例《国家赔偿给付期限届满后继续发生的损害之赔偿》。

法能动成为可能,故基于充分救济的考虑,民法上关于上述费用可以再次申请之规定可在国家赔偿中参照适用。

以能动司法追求最大的权利保护,其前提是不能突破法律底线。事实证明,为了息事宁人,无原则地法外施恩,虽可化解个案,但未来法律实施的难度将大大增加。国家赔偿审判在追求"当赔则赔"的同时,守住法律底线亦是应有的责任和担当。

3. 工作定位:不求做大但求做强

国家赔偿有自赔、复议、委赔三种程序。自赔是义务机关履行义务的程序,复议是内部监督程序,委赔是司法审判程序。委赔完全符合对争议两造居中裁判的特征,修改后的《法官法》《人民法院组织法》已经确认其审判属性。在国家赔偿工作中,国家赔偿审判即委赔程序具有重要意义,决定了国家赔偿能够达到的高度。

国家赔偿审判不可求大。国家赔偿审判不仅是救济制度,其作出的赔偿决定就相当于刑事司法活动和非刑事司法审判的"体检报告"。国家赔偿审判一味追求做大,潜在的假设是审判执行工作的问题越来越多,既不符合司法改革的设计初衷,也不符合制度逻辑,更不符合法治不断进步的实际。

国家赔偿审判必须做强。司法是法律生命之所系,司法权是国家权力的"刀把子",其极端重要性要求以司法权为审查对象的国家赔偿审判体系必须要做强,要有足够的权威,以实现充分救济和精准监督。另外,《国家赔偿法》结构复杂,既有实体法,又有程序法,其实体部分与民法,程序部分与《行政诉讼法》和《民事诉讼法》亦存在复杂的选择适用关系,而且多领域交织的问题越来越普遍,这些都对审判队伍的司法能力提出了非常高的要求。

(二)国家赔偿的门槛

可赔偿的行为范围、可赔偿的权利范围、当事人适格、申请时机、程序衔接是国家赔偿的五道重要门槛。二十多年来,国家赔偿审判不断降低门槛,以满足日益提高的权利救济需求。

1.可申请的行为范围

《国家赔偿法》规定了行政赔偿和以刑事赔偿为主的司法赔偿两种类型。行政赔偿通常融于行政诉讼程序中,本部分对此不作专门探讨。司法赔偿包括刑事赔偿和非刑事赔偿。刑事赔偿的行为范围可分为三种类型(下列前三种),非刑事赔偿的行为范围亦可分为三种类型(下列后三种)。具体内容如下:

一是人身自由损害刑事赔偿。申请人身自由损害赔偿必须符合"无罪"和"受到羁押"两个条件,即所谓无罪羁押原则。根据《国家赔偿法》第17条第1~3项规定,可申请赔偿的行为范围包括违法拘留、错误逮捕、有罪错判三种情形。

二十多年来，无罪羁押原则的两个条件均有所放宽。

"无罪"的放宽表现在以下情形均被视为"无罪"：其一，部分无罪。数罪中的一罪或者部分数罪不成立，虽非完全无罪，但再审改判刑期变短而导致服刑超期的部分，应予赔偿。其二，超期羁押。罪犯被羁押的时间超出所判刑期的部分被视为无罪，已纳入赔偿范围。但不包括判前超期羁押。其三，部分犯罪事实不存在。同一罪名的犯罪事实次数减少导致犯罪事实发生重大变化，而将刑罚由极重改为极轻的情形，亦视为无罪。

迄今为止，轻罪重判仍被挡在门外，质疑之声亦由来已久。[1] 笔者认为，超期部分的重判构成对人身自由的侵害，要求赔偿的正当性毋庸置疑，[2] 但上述三点发展已基本用尽法律的解释空间，这个问题在现行法上已无大的解释余地。此类问题，以及实质无罪的受害人被合法拘留、判前超期羁押等合法权益受损的情形是否纳入国家赔偿，应当在《国家赔偿法》修改时，综合考虑权利救济的迫切性、国家财力的承受力、社会接受程度等因素作出选择，而在法律修改之前，国

---

[1] 早在2006年全国"两会"上，就有肖红等32名代表建议将轻罪重判行为纳入国家赔偿范围，使犯罪者在合法权益被违法侵害时有获得国家赔偿的权利。参见《全国政协十届四次会议昨日闭幕，议政热点拒绝"打官司难"》，载东方今报网，https://news.sina.com.cn/c/2006-03-14/03538434397s.shtml。

[2] 有论者从罪刑相适应、刑事赔偿结果归责、加强人权保护、比较法上成熟经验、世界发展潮流五个角度证立轻罪重判的国家赔偿责任，很有说服力。参见金成波：《轻罪重判国家赔偿责任的证立及其类型化》，载《中国法学》2020年第2期。

家赔偿审判不宜再有大的突破。

"羁押"指的是拘留以上的限制人身自由的刑事司法处理，拘留以下的非羁押措施以及传唤、拘传、监视居住，本不属于赔偿范围。"羁押"的放宽主要表现在，滥用非羁押措施达到羁押程度的，已有纳入赔偿的探索，实务亦有较高的共识。刑法修改后，有些地方基于指定居所监视居住、管制等刑事措施可以折抵刑期，而将其纳入赔偿范围。构建面向新时代的国家赔偿制度，这些积极的探索值得重视。

二是生命健康损害刑事赔偿。按照《国家赔偿法》第17条第4~5项规定，造成公民身体伤害或者死亡的三类事实行为属于赔偿范围：一是刑讯逼供；二是殴打虐待或者唆使放纵他人殴打虐待等行为；三是违法使用武器警械。

《国家赔偿法》第17条第4项规定的"以殴打、虐待等行为或者唆使放纵他人以殴打、虐待等行为造成公民身体伤害或者死亡的"中的"等行为"，为赔偿范围的发展提供了重要基础。如人身检查搜查、侦查试验过程中违法致害的事实行为，实践中将其归入此类，基本没有多大争议。以该项规定为基础的最重要发展，就是最高人民法院和司法部于2019年联合发布文件，将怠于履行监管职责致伤致死纳入赔偿范围。一般认为，怠于履行监管职责属于《国家赔偿法》第17条第4项规定的殴打、虐待和唆使放纵他人殴打、虐待等行为的具体情形之一。在通常文义上，殴打、虐待和唆使、放纵他人殴打、虐待等行为的主观状态为故意，而怠于履行监管职责的主观状态不仅包括故意，还包括过失。事实上，监狱因不救治或者不及时救治等过失行为而承担赔偿责任的案例，早已成为实践中的通行做法。司法文件回应人民群众不断增长的司法保护需求，对这一实践发展成果予以确认，具有充分的现实合理性。如果启动修法，这一经验值得借鉴。

三是财产损害刑事赔偿。根据《国家赔偿法》第 18 条和第 36 条规定，违法查封、扣押、冻结、追缴等措施，违法拍卖变卖财产，还有依照审判监督程序再审改判无罪，原判罚金、没收财产已经执行的，均属于赔偿范围。

《国家赔偿法》关于赔偿范围的规定采取的是每种侵权行为侵犯一种权利的模式，比如关于事实行为只规定了侵犯生命健康权的情形，而未规定侵犯财产权的情形。而实践中，使用警械、武器等事实行为造成财产损害的情况虽不多见，但时有发生。此类问题如同"法律织物上的皱褶"，将其熨平是法官的职责所在。[①] 国家赔偿审判基于权利保护的正当要求，已将其纳入赔偿范围。

四是违法采取对妨碍诉讼的强制措施赔偿。在行政诉讼和民事诉讼中，对妨碍诉讼的强制措施包括拘传、训诫、责令退出法庭、拘留和罚款。其中，拘传、训诫、责令退出法庭不会引起人身权和财产权的损害，而拘留和罚款的"损益

[①] 丹宁法官说："一个法官绝不可以改变法律织物的编织材料，但是他可以，也应该把皱褶熨平。"参见[英]丹宁：《法律的训诫》，杨百揆等译，法律出版社 1999 年版，第 3 页。

性"则不言而喻，故这两种方式被纳入赔偿范围。实务中，困惑较多的问题是，法警、协警在工作场所与当事人发生冲突把人打伤等事实行为是否属于赔偿范围。笔者认为，对妨碍诉讼的强制措施既包括法律行为，也包括事实行为，而事实行为与法律行为同样会造成侵权后果，同样应属国家赔偿范围。将事实行为致害予以赔偿的案例在司法实践中已经屡见不鲜，通常被归入民事行政违法强制赔偿的名下。

五是违法保全赔偿。在保全措施的司法赔偿案件中，争议最大的是不作为是否属于赔偿范围的问题。实践做法多数以不属于赔偿范围为由予以驳回。笔者在此问题上亦持慎重态度，认为在民事审判和行政审判领域，司法责任豁免仍是基本原则，裁判的错误不属于国家赔偿的范围，而是否采取保全措施的判断本质上属于裁判权的范围，故也不宜纳入国家赔偿范围。

还有一个具体问题有必要明确：违法保全赔偿的情形中是否包括证据保全？2006年司法批复认为不包括。最近，最高人民法院赔委会讨论认为，2010年《国家赔偿法》修改后，情况已有变化，证据只要具有或者可能具有财产属性，就属于赔偿范围。

六是错误执行赔偿。《涉执行赔偿解释》将限制消费、限制出境、纳入失信被执行人名单、对保留所有权的财产采取执行措施等情形列入赔偿范围，有力地回应了社会关切，值得重视。但赔偿范围采取列举的方式，因错误执行形态复杂，难以类型化，未免挂一漏万。将来遇到新情况如何界定，就需要一个更有涵盖性的标准。根据执行实务将执行权分为实施权和审查权的情况，该解释第1条规定实施权属于赔偿范围，而审查权不属于赔偿范围。司法实践中，违法先予执行虽然发生在执行之前的诉讼阶段，但其行为性质与执行行为基本相同，相应地，司法赔偿的基本规则与错误执行赔偿亦基本一致。

2. 可赔偿的权利范围

国家赔偿申请可以主张的权利限于人身自由、生命健康权和财产权，也是赔偿范围的一条重要标准。受害人要求赔偿义务机关返还作为证据材料扣押的物品，遭到拒绝，可否申请赔偿？关键就看证据材料是否具有财产价值。因为财产价值为零的物品对应的赔偿数额亦为零，由此可以推出如下结论：有财产价值才有必要纳入国家赔偿法保护；反之则没有必要受国家赔偿法保护。为什么扣押纸质机票不予赔偿，因为纸质机票只是飞机的搭乘凭证之一（比如凭电子客票、身份证等亦可登记），将其扣押并不影响出行，除此之外没有其他财产价值，所以扣押纸质机票不能引发赔偿。

司法活动未造成人身自由、生命健康或者财产损失，但对名誉权造成损害的情形，尚未纳入国家赔偿范围。随着人民群众权利保护要求的不断提高，就单纯名誉权受到侵害而求偿的情形越来越多。"如果判决不公正，社会就可能使某个成员蒙受一种道德上的伤害……倘若一个原告虽有合理要求而被法庭驳回，或一个被告走出法庭时被加以不应有的耻辱，那么这种伤害也够大的了。"[①] 实践中，有的公民因被错误通缉或者被他人冒名犯罪而长期背负犯罪记录，虽然人身自由、生命健康和财产没有直接受到损害，但名誉受损给其生活、工作造成了不利影响。如果影响巨大且难以弥补，不予赔偿显然有失公平。因此，建议在国家赔偿制度进一步完善的过程中，认真考虑将其纳入赔偿范围的可能性。

3. 当事人适格

一是申请人适格。申请人一般限于司法行为的受害人。比如兄弟二人被错判没收财产，但执行时只扣押了哥哥的财产。申请赔偿时，哥哥有资格，弟弟则没有，因为弟弟不是扣押行为的受害人。

关于受害人以外的申请人，《国家赔偿法》规定了两种情况。其一，受害人死亡的，其继承人和其他有抚养关系的亲属有权要求赔偿。其二，受害的法人或者其他组织终止的，其权利承受人有权要求赔偿。实践中，还有一个长期以来存在模糊认识的问题：申请权能否随着基础权利一并转移？

---

① 参见[美]德沃金：《法律帝国》，李常青译，中国大百科全书出版社1996年版，第1~2页。

2021年出台的《涉执行赔偿解释》对此给出了肯定回答,[①]即基础权利合法转让的,国家赔偿申请权随之一并转移。笔者认为,这一规则不仅适用于涉执行赔偿,而且在国家赔偿全领域都具有普适性。

二是赔偿义务机关适格。原则上以行为机关为赔偿义务机关。同一损害如果涉及多机关,赔偿义务机关适格的问题就会比较复杂,主要有两种情形:

其一,公务委托。公务委托在执行领域较为多见。《涉执行赔偿解释》第4条规定,人民法院将查封、扣押、冻结等事项委托其他人民法院执行的,公民、法人和其他组织认为错误执行行为造成损害申请赔偿的,委托法院为赔偿义务机关。之所以委托法院为义务机关,就是因为执行行为是委托法院意思表示的体现。因此,只要执行行为与委托法院的意思表示一致,哪怕受托法院的行为存在一定瑕疵,亦不影响赔偿义务机关的确定。反之,如果受托法院的执行行为脱离委托法院的意思表示,比如接到协助执行的通知后"按兵不动",就不应由委托法院作为赔偿义务机关。

其二,多阶段刑事司法行为与后置吸收原则。刑事司法具有多阶段特点,即侦查、起诉、审判多阶段司法行为造成同一个侵权结果。为方便救济,实质解决问题,统一由最后

[①] 《涉执行赔偿解释》第3条规定:"原债权人转让债权的,其基于债权申请国家赔偿的权利随之转移,但根据债权性质、当事人约定或者法律规定不得转让的除外。"

作出违法司法行为的机关为赔偿义务机关。比如，法院错判缓刑，再审改判无罪，受害人就公安或者检察机关的判前羁押申请赔偿的，法院尽管未判实刑，亦应作为赔偿义务机关。

后置吸收原则最初主要适用于侵犯人身自由的情形，近来在涉财产刑事赔偿案件中，亦有采用后置吸收原则的探索。比如，公安机关扣押财物后移交给法院，法院拍卖后上缴国库。当事人请求返还财物，应由法院作为赔偿义务机关。因为即使公安机关扣押财物违法，其扣押行为的效果亦为法院的后续处理所覆盖。此种情况下，就算责令公安机关返还，如果法院不予配合，不自行撤销或者废止其处置行为，赔偿决定也难以实现。只有法院作为赔偿义务机关，才是实质解决争议最好的办法。

4. 申请时机：程序终结原则和例外

无论刑事赔偿还是非刑事赔偿，国家赔偿申请的时机都以相关司法程序终结为原则。原因有二：一是从监督功能来看，国家赔偿是事后监督而非过程监督。因为国家赔偿以认定司法行为违法为前提，如果司法行为还在进行，就启动赔偿程序，则会干扰司法活动的正常进行。二是从救济功能来看，国家赔偿是起最后兜底的作用。如果司法行为尚在进行中，则损害要么尚不确定，要么可在后续司法程序中补正，国家赔偿不必过早介入。

有原则往往有例外，在程序终结之前，特殊情况下也可启动赔偿程序，但必须符合损害确定和不干扰司法程序这两个条件。程序终结的例外情形，实践中大致有以下三类：

一是事实行为。司法活动中，有意改变相对人在三大诉讼法上权利、义务或者地位的就是法律行为，没有此种效果的其他司法活动就是事实行为。事实行为主要有通知等单纯程序行为和暴力行为。暴力行为致人身伤害申请赔偿，不必等到司法程序终结。比如服刑的犯人被殴打，请求赔偿不必等到出狱以后。诉讼中的强制措施造成人身损害的，申请赔偿亦可提前到损害发生时。

二是过程行为或者特定标的与司法程序分离。这里的"过程行为"指的是司法机关在作出司法行为的过程中，为推进司法程序正常进行而采取的措施，比如对妨碍诉讼的强制措施。这里的"特定标的"指的是通过司法行为所指向的对象，比如为执行民事判决而查封的特定房产就是执行行为的"特定标的"。过程行为与司法行为之间关系密切，启动赔偿程序可能影响司法程序的正常进行，故申请赔偿一般须等待司法程序终结之后。但有时过程行为已与司法程序分离开来的，启动国家赔偿不会影响司法程序的正常进行。此时，为及时救济，应当允许受害人在司法程序终结前申请赔偿。比如，司法拘留、罚款等强制措施已经被依法撤销，或者被执行的财产已被依法确认为案外人所有，则意味着上述强制措施或者财产已从相应的诉讼执行程序当中分离出来。

三是程序形式上未终结而实质上已终结。目前只有执行终本存在这种情形。根据《涉执行赔偿解释》第 5 条第 3 项规定，"自立案执行之日起超过五年，且已裁定终结本次执行程序，被执行人已无可供执行财产的"，受害人可以申请国家赔偿。此时的执行终本就属于形式上未终结而实质上已终结的情况。

5. 程序衔接

与国家赔偿审判有关的其他程序可分以下三类：一是相关的司法程序。根据前述，一般需待相关司法程序终结才可以申请国家赔偿。二是自赔、复议等前置程序。这是国家赔偿审判的必经程序。三是与赔偿审判内容交叉的程序。比如，执行异议、执行复议和执行监督的审查内容可以包括执行行为的合法性，与国家赔偿审判中的确认内容存在很大重合部分。《涉执行赔偿解释》第 6 条专就此种情况作出规定：是否经过这些程序，并不影响赔偿申请的提出，但是申请赔偿和上述三种程序不宜同时进行。如果在这三种程序正在进行期间申请赔偿，不应受理。

（三）确认

1. 从确赔分开到确赔合一

国家赔偿责任有三个要件：一是司法行为存在瑕疵，二是相对人受到损害，三是司法行为的瑕疵与相对人的损害之间存在因果关系。确认针对的是第一个要件，即确认司法行为是否存在瑕疵。《国家赔偿法》修改前，司法赔偿案件的确认和赔偿是分开的，确认是赔偿的前置程序，曾经由法院的审判监督庭负责。当事人申请审判监督庭确认司法行为存在瑕疵后，再向赔委会申请赔偿。当事人须两次申请，增加了讼累。2010年《国家赔偿法》修改删除了先行确认的规定，实行确赔合一，赔委会有权确认司法行为的瑕疵成为原则。

确赔分开是司法赔偿的独有问题，其源于赔委会无权确认司法行为的合法性。而行政审判庭既可以在行政诉讼中确认行政行为的合法性，也可以审理行政赔偿案件，故行政赔偿并不存在确赔分开还是合一的问题。实践中行政诉讼和行政赔偿有时被分成两个案件，是由于当事人的选择，而不是行政审判庭无权确认。

确赔合一最大的好处是便民和减少讼累。除此之外，还有利于节约司法资源。有些案件明显没有损害，或者损害明显与司法行为不具有因果关系。如果确赔分开，确认案件这个硬骨头是无法回避的。如果实行确赔合一，就可以先审查其他问题。只要发现一个要件不具备，就予以驳回，而不必在确认问题上浪费时间和精力。

2.归责原则与确认的内容

一是确认的内容视归责原则而定。归责原则解决的问题是，司法行为有什么样的瑕疵，才会引起赔偿责任。这是确认的首要问题。1994年《国家赔偿法》以违法归责为原则，2010年《国家赔偿法》实行归责原则多元化。司法赔偿有两种归责原则，分别为违法归责原则和结果归责原则。每个具体的赔偿案件，确认的内容视其适用哪种归责原则而定。

二是违法归责是国家赔偿的基本原则。《国家赔偿法》上的违法归责与侵权法上的过错归责在逻辑上具有一致性。对私权利来说，"法无禁止即可为。"但"可为"的自由是相对的，在法无禁止的广大空间里，并不意味着可以为所欲为。滥用私权利损害公共利益或者他人的私权利，也是不被允许的。由于法律常常无法提供具体的行为规范和评价标准，故只能诉诸主观状态，进行过错归责，即以加害人是否存在故意或者过失来确定其是否应就损害承担责任。对公权力而言，"法无授权不可为"。法律力求规范公权力运行的每个动作。评判公权行为的对错，就看法律怎么规定。违法就等于有过错，合法就等于无过错。违法归责在公法领域所起的作用与过错归责在私法领域的作用完全一致。正是在这个意义上，有学者指出："过错责任是现代国家责任的起源（Fault liability — inception of modern state liability）。"[1]法国更是直接就把违法称为公务过错。对违法归责历来有诸多批评，其中

---

[1] See Duncan Fairgrieve, State Liability in Tort: A Comparative Law Study, New York, Oxford University Press, 2003, p.287.

最为突出的就是认为其覆盖范围狭窄。笔者认为,"法"的概念存在很大的选择空间,狭义理解确会有此弊端,但在必要时选择宽泛理解即可解决质疑。[①]

违法归责在国家赔偿的适用范围最为广泛。所有的行政赔偿,以及因拘留和事实行为引起刑事赔偿(《国家赔偿法》第17条第1项、第4项、第5项和第8条第1项),还有全部的非刑事赔偿领域(包括因司法强制措施、保全措施、先予执行和涉执行司法行为引起的赔偿[②]),均适用违法归责原则。

对"违法"的理解有宽窄之别。行政赔偿对"违法"的理解最为宽泛,既包括违反实定法,也包括没有实定法时明显不具合理性的情形,甚至可以包括未尽注意义务等过失。[③]刑事赔偿对"违法"的理解最为狭窄,甚至认为仅限于违反实定法的情形。非刑事赔偿中的"违法"或者"错误"介于两者之间,即略小于行政赔偿中的"违法",而明显宽于刑事

[①] "在理论上,如果对违法原则采取最广义的解释,甚至把违反应尽的注意义务(过错),理解为违法的一种表现,那么以上所说的弊端,基本上都不存在。"参见沈岿:《国家赔偿法——原理与案例》(第二版),北京大学出版社2017年版,第92页。笔者赞同这种观点。

[②] 《国家赔偿法》规定的涉执行司法赔偿的情形为"对判决、裁定或者其他生效法律文书执行错误"。通常认为,此处的"错误"与其他非刑事赔偿情形中的"违法"基本同义。事实上,《涉执行赔偿解释》列举的执行错误的具体情形绝大多数都是违法的情形。

[③] 《最高人民法院关于审理房屋登记案件若干问题的规定》第12条规定:"申请人提供虚假材料办理房屋登记,给原告造成损害,房屋登记机构未尽合理审慎职责的,应当根据其过错程度及其在损害发生中所起作用承担相应的赔偿责任。"

赔偿中的"违法"。既包括违反实定法，也包括没有违反实定法但有重大过错的情形。

国家赔偿实践中，"违法"的多义性是不以个人意志为转移的客观存在，适用中不加辨别，容易造成归责原则的误用。比如，首封法院明知存在轮候查封，却在不通知轮候法院情况下将执行余款返还债务人，其做法是否构成执行错误？有人认为，既然错误归责与违法归责本质相同，而法律对于本执行与轮候查封之间如何衔接并无明确规范，则不宜认定首封法院的做法违法，当然也就不构成执行错误。笔者认为，此种意见对"违法"的理解与刑事赔偿相同，过于狭窄。如前所述，非刑事赔偿中的"违法"，既包括违反实定法，也包括虽未违反实定法但有明显过错的情形。由被执行人逃避履行债务的在先事实可知，其拿到执行余款后，拒不履行其他债务的概率极大，轮候查封落空的概率亦是极大。首封法院虽不违反实定法，但明显未尽注意义务，其过错之明显，凭一般经验即可判断。据此应当认定，首封法院的做法构成执行错误。[①]

三是结果归责是国家赔偿的例外情形。结果归责指的是，司法行为只要造成合法权益被损害的结果，则即使该行为合法，亦应承担赔偿责任。结果归责其实并非典型的赔偿责任，称之为补偿责任或许更为合适。有些国家和地区对刑事司法致

[①] 参见《最高人民法院关于轮候查封的效力是否及于查封标的物拍卖后的剩余替代物问题的答复》(〔2021〕最高法赔他1号)。

害实行结果归责，其法律名称也被称为刑事补偿法。我国《国家赔偿法》规定的结果责任只适用于错误逮捕和刑事错判两种情形。

四是确认的范围以申请人主张的特定事由为主，并可根据具体情况适当扩展。确认的范围有多大，是对司法行为的所有合法性问题进行全面审查，还是仅针对申请人主张的特定事由进行审查。这个问题，目前尚无明确规范。笔者认为，司法行为瑕疵的种类很多，未必都会造成受害人主张的损害，全面审查并不可取。确认的范围应以当事人主张的特定事由为重点，但与司法行为是否存在其他瑕疵的问题，亦应予以适当关注。如果法院在国家赔偿审判中，对司法行为存在的与损害有关的明显瑕疵不予理会，亦属未尽确认职责。

3. 确认的主体和形式

确认的主体和形式因案件类型不同而异。

一是人身自由损害刑事赔偿案件。可分为违法拘留赔偿案件和错捕错判赔偿案件两种情况。

违法拘留赔偿案件中的确认内容包括两个事实：申请人无罪和拘留违法。申请人无罪，系由公安机关、检察机关或者人民法院等有权机关，在赔偿程序前作出的决定撤销案件、不起诉或者判决宣告无罪等终止追究刑事责任的法律文书来确认，依职权不宜由人民法院赔委会确认。拘留违法则可以由赔委会在委赔程序中确认，或者由复议机关在复议程序中确认，亦可由义务机关自行确认。

错捕错判赔偿案件的确认内容为，错误逮捕或者有罪错判。错误逮捕，通常由人民检察院、人民法院作出的决定撤销案件、不起诉或者判决宣告无罪等终止追究法律责任的法律文书来确认，赔委会原则上无权确认。经过实践探索，发展出了一个例外，即赔委会可以对"视为终止追究刑事责任"的情形作出确认。① 有罪错判，由人民法院作出的二审改判无罪的判决和再审改判无罪的判决作出确认，不宜由赔委会确认。

二是生命健康损害刑事赔偿案件。此类案件的确认内容为，刑事司法机关工作人员的殴打、虐待或者违法使用武器、警械等事实行为。赔委会可以在委赔程序中作出确认，复议机关可以在复议程序中确认，赔偿义务机关也可以在自赔程

---

① 《最高人民法院、最高人民检察院关于办理刑事赔偿案件适用法律若干问题的解释》(法释〔2015〕24号) 第2条规定："解除、撤销拘留或者逮捕措施后虽尚未撤销案件、作出不起诉决定或者判决宣告无罪，但是符合下列情形之一的，属于国家赔偿法第十七条第一项、第二项规定的终止追究刑事责任：(一) 办案机关决定对犯罪嫌疑人终止侦查的；(二) 解除、撤销取保候审、监视居住、拘留、逮捕措施后，办案机关超过一年未移送起诉、作出不起诉决定或者撤销案件的；(三) 取保候审、监视居住法定期限届满后，办案机关超过一年未移送起诉、作出不起诉决定或者撤销案件的；(四) 人民检察院撤回起诉超过三十日未作出不起诉决定的；(五) 人民法院决定按撤诉处理后超过三十日，人民检察院未作出不起诉决定的；(六) 人民法院准许刑事自诉案件自诉人撤诉的，或者人民法院决定对刑事自诉案件按撤诉处理的。赔偿义务机关有证据证明尚未终止追究刑事责任，且经人民法院赔偿委员会审查属实的，应当决定驳回赔偿请求人的赔偿申请。"

序中自行确认。实践中，纪检、监察机关对有关责任人员依法追究责任的决定对上述侵权事实作出的认定，也可以被视为确认。

三是财产损害刑事赔偿案件。此类案件的确认内容为刑事司法机关采取的查封、扣押、冻结、追缴等措施违法，或者有罪错判。前者可由赔委会在委赔程序中确认，或者复议机关在复议程序中确认，亦可由赔偿义务机关在自赔程序中自行确认。后者只能由人民法院作出再审判决予以确认，不宜由赔委会确认。

四是非刑事司法赔偿案件。非刑事司法赔偿案件的确认内容为强制措施违法、保全措施违法或者执行错误。上述三类事实，均可由赔委会在委赔程序中确认，或者由赔偿义务机关在自赔程序中自行确认。此外，通过实践探索还明确了其他法定纠错程序所作确认的效力，比如执行复议和执行监督对执行错误的认定，亦可在委赔程序中视为确认。

4. 确认中各种法律文书的地位

确认中的法律文书大致可以分为三类：

一是依据。人民法院等有权机关依法对司法行为的瑕疵作出认定的判决、裁定和决定等法律文书，在国家赔偿审判中应当直接作为确认的依据。比如，认定受害人无罪的刑事再审判决即可作为确认原刑事判决为错判的依据。除此之外，对事关侵权行为是否存在的特定事实作出认定的生效裁判等法律文书，亦可作为国家赔偿审判的确认依据。比如，某人服刑后要求返还刑事判决未作处理的被扣财产，遭到拒绝后申请赔偿。赔委会审查发现，刑事判决虽然未对案涉财产作出处理，但已认定被扣财产为贪污所得。赔委会据此认为，司法机关扣押其贪污所得的财产的行为不构成侵权行为，故某人提出的返还财产的赔偿请求不能成立。

二是优质证据。检察院的调查结论（比如对监狱犯人死因的调查）、人民法院作出的执行异议、复议、监督裁定等，在国家赔偿审判中都属于优质证据。赔偿委员会对于上述法律文书可以进行有限审查，否定这些文书的结论需要更加慎重。

三是审查对象。在国家赔偿案件中，扣押决定、拘留决定、职权部门非法定处理决定等，往往本身就是侵权行为。受害人因此而申请赔偿时，它们都是国家赔偿案件的审查对象。

（四）赔偿

1. **要件审查精细化**

侵权行为的存在，是国家赔偿责任的第一个构成要件。该要件的审查就是前述之确认。此外还有两个构成要件，即损害后果以及侵权行为与损害后果之间具有因果关系。

在损害后果的审查中，除了查明申请人有无损失及损失大小之外，审判实践中还需要特别注意以下两点：一是损失的是否是合法权益。比如刑事判决未作出处理的被扣财产是否一律返还原所有人？笔者认为，如果能够认定属于非法利益，即使刑事判决未作处理，也不能返还；如果不能认定属于非法利益，且没有其他程序已经处理或者正在处理的，方可按照合法权益予以救济。二是损失的利益是否受法律保护或者是否受优先保护。在权利冲突时，谁受优先保护就是问题的关键。有一点值得注意，自愿放弃权利的不受法律保护。比如，申请人受让国有不良资产时已经约定放弃国家赔偿的，国家赔偿审判即不宜再提供保护。

在因果关系的判断中，需要注意损害是谁造成的问题。尤其要区分表面原因和实际原因。比如，执行依据被撤销变更，发生执行回转，如果受害人因回转不能而申请赔偿，则其损害表面上是原执行行为造成的，但该执行行为只要与执行依据一致，那么损害实际上就是执行依据造成的。也就是说，其损害系作为执行依据的错误判决引起，而非执行行为所致。

2. 赔偿责任形态

赔偿责任形态的发展主要表现在以下两个方面：

一是明确了司法赔偿是自己责任。国家赔偿最终的责任主体到底是国家还是国家机关工作人员,有自己责任和代位责任的分别。自己责任是国家自己的责任。其理论基础是危险责任说,即公权力天然带有违法侵权的风险,国家将有风险的权力授予公务员,就应当为此承担责任。[①] 代位责任指的是,国家虽然就公务员不法行为造成的侵害承担赔偿责任,但在责任构成上仍属于公务员的个人责任,国家不过是代替公务员承担罢了。[②] 实定法上的区别标志主要看责任构成要件是否包括公务员的过错,包括公务员过错的就是代位责任;不包括的就是自己责任。

我国的国家赔偿责任是自己责任。因为按照2014年《国家赔偿法》规定,国家承担责任只看公权行为是否违法侵权或者是否造成合法权益的损害,而不看公务员主观上是否存在过错。那么,《国家赔偿法》规定向存在故意或者重大过失的公务员追偿,是否表明国家赔偿在此情况下变成了代位责任?从法律规定看,《国家赔偿法》并没有对追偿权行使的程序作出规定;从实践情况看,追偿基本上都是由义务机关直接向公务员追索,而基于两者之间的特别权力关系,执行并无太大困难,客观上不需要诉讼制度的支持。鉴于此,笔者认为,我国《国家赔偿法》上的追偿,其作用类似于行政

[①] 参见张正钊主编:《国家赔偿制度研究》,中国人民大学出版社1996年版,第149页。

[②] 参见袁治杰:《国家赔偿责任的民法基础》,载《政法论丛》2020年第1期。

处分。这一点与域外多数国家和地区的情况存在较大差异。[①]因为追偿的基础并不在于公务员个人的侵权责任,而在于该公务员违反了国家机关内部规范。

二是责任形态日益完善。法律虽然没有规定责任形态,但通过司法解释的规定和审判实践的探索,责任形态变得日益明确和丰富。按照不同主体行为的原因力和相互关系,可将责任形态分为单一责任、混合责任、共同责任、按份责任。

单一责任由义务机关承担全部责任。混合责任发生在受害人与有过失时,在义务机关与受害人之间划分责任。共同责任适用于数个侵权人基于意思联络作出的侵权行为,数个侵权人就损害承担连带赔偿责任。数个侵权人既可以包括个人,也可以包括其他国家机关。按份责任是数个侵权人之间没有意思联络,各自行为形成合力造成了同一损害后果,按照各自行为在侵权行为和结果中所起的作用确定赔偿份额。

共同责任和按份责任经常涉及民事主体侵权,受制于现行法律规定,在国家赔偿审判中无法做到一并解决。如果启动《国家赔偿法》修改,建议进一步完善程序设计,为国家

[①] 域外很多国家和地区的国家赔偿法均规定,公务员有故意或者重大过失时,国家对该公务员有求偿权。国家求偿权的最终实现途径基本都是诉讼。这与我国国家赔偿法规定的国家追偿权存在明显差异。一般认为,国家求偿权的行使应当审慎,以免"若国家之求偿权行之过苛,将使一时失察之公务员可能落得倾家荡产与老景凄凉之后果,破坏国家照顾公务员生活的道德与法律责任"。参见陈新民:《行政法学总论》(新九版),我国台湾地区三民书局 2015 年版,第 486 页。

赔偿审判一并解决相关争议创造条件。

按份责任可进一步区分为终局责任与中间责任。义务机关积极行为和直接侵权引起的赔偿通常是终局责任。而消极行为和不履责引起的赔偿通常是中间责任，也就是义务机关先行赔偿之后，可以向积极侵权的一方或者最终责任人追偿。比如，监狱犯人之间的霸凌行为造成特定犯人伤害死亡的，加害人是最终责任人，监狱不履责为侵权行为的发生创造了条件，因此承担了部分赔偿后，可以向实施加害行为的犯人追偿。如果理解为监狱不履责应当承担终局责任，则犯人全额赔偿后即可向监狱追偿其应承担的部分赔偿数额。这样的结果显然是比较荒唐的。

按份责任加中间责任，起到了补充责任的作用，而且比补充责任更有利于及时救济，所以《涉执行赔偿解释》第12条规定，保管人或者第三人侵权，法院未尽监管职责的，在能够防止或者制止损害发生、扩大的范围内承担相应的赔偿责任，并可以依据赔偿决定向保管人或者第三人追偿。

3. 赔偿方式

一是羁押赔偿的发展。人身自由赔偿金是基本的赔偿项目，依法采用固定的赔偿标准，即一律按上年度城镇非私有单位职工日平均工资标准赔偿。毋庸讳言，固定标准与受害人个体的实际损失并不吻合，尤其是对高收入受害人而言，获得的赔偿无法弥补损失。但即使启动修法，是否要把固定标准改为实际损失标准,也是一个复杂的立法衡量问题。有学者认为,按照固定赔偿标准计算赔偿金,不考虑限制人身自由的长短不合理。①笔者对此深表赞同,并希望将来修法能够有所体现。不过,按照现行司法解释规定,在确定精神损害抚慰金数额时,限制人身自由的时间长短和收入损失均为考量因素,②表明对此利益失衡,司法者已在法律空间内尽量弥补。

二是生命健康损害赔偿的发展。主要有以下三个方面:

其一,对身体伤害的赔偿。《国家赔偿法》规定了三个赔偿项目:医疗费、护理费、误工费。民事赔偿除以上项目外,还包括交通费、住宿费、住院伙食补助费和必要的营养费。上述未列入国家赔偿项目的费用可否予以赔偿?笔者认为,《国家赔偿法》虽然没有规定人身损害赔偿的一般标准,但从其列举的诸多赔偿项目(尤其是人身自由赔偿金、残疾赔偿金等可得利益的损失)可以探知,实际损失标准已经呼之欲出。《国家赔偿法》之所以没有列举这些项目,并不是因为它们不该赔,而是因为这些损失在司法赔偿尤其是刑事赔偿中很少发生。因此,如果实际发生了上述费用损失,可以参照民法有关规定的标准予以赔偿。

---

① 参见应松年:《关于国家赔偿的几点思考——从念斌案说起》,载《法治社会》2017年第2期。

② 《精神损害赔偿解释》第9条第5项规定,精神损害抚慰金的具体数额,应当在兼顾社会发展整体水平的同时,参考受害人的职业、影响范围合理确定。根据该规定,收入损失可归入本项之下。

其二，对身体残疾的赔偿。1994年《国家赔偿法》列举的赔偿项目本来少于民事赔偿，2010年《国家赔偿法》增加赔偿项目后与民事赔偿相同。目前，针对部分或者全部丧失劳动能力的受害人，国家赔偿有医疗费、护理费、残疾生活辅助具费、康复费、残疾赔偿金、扶养费等六个赔偿项目。如今，所有的赔偿项目都不低于民事赔偿，残疾赔偿金更是在民事赔偿标准的2倍到3倍之间。有给付期限的赔偿项目中，护理期限、辅助具费给付期限到期后，仍需继续护理、配制辅助具的，按照司法政策可以继续给付相关费用5年至10年。但残疾赔偿金因《国家赔偿法》有特别规定，不能继续给付。[1]

其三，对死亡的赔偿。根据《国家赔偿法》规定，受害人死亡的，支付死亡赔偿金、丧葬费、扶养费。丧葬费和抚养费与民事赔偿相同，而死亡赔偿金则高于民事赔偿标准。

三是精神损害赔偿的产生和发展。1994年《国家赔偿法》对于精神损害只有消除影响、恢复名誉、赔礼道歉等责任方式，对于造成严重损害的情形，则通过给予生活补助等法外方式予以抚慰。2010年《国家赔偿法》引入支付精神损害抚慰金的赔偿方式，适用于侵犯人身自由、生命健康权

---

[1] 参见《最高人民法院关于获得国家赔偿后超过相应期限或年限能否再次申请国家赔偿的批复》（〔2019〕最高法赔他2号）。

造成严重精神损害的情形。[①]2014年最高人民法院出台司法文件，规定精神损害抚慰金在自由赔偿金、生命健康赔偿总额的35%以下酌定，明显高于民事赔偿标准。随着2021年《精神损害赔偿解释》的出台，精神损害抚慰金酌定幅度从35%进一步提高到50%。同时明确将民事、行政诉讼中的强制措施侵犯公民人身权的情形也纳入适用精神损害赔偿的范围。

四是财产损害赔偿的发展。《国家赔偿法》实施以来有两个重要发展：

其一，逐渐靠近实际损失标准。民事赔偿按照实际损失的标准赔偿。《民法典》第1184条规定："侵害他人财产的，财产损失按照损失发生时的市场价格或者其他合理方式计算。"《国家赔偿法》规定的财产损害赔偿直接损失的原则虽然没有变化，但已经开始与民事赔偿的实际损失逐渐接近。利息损失过去一直被看作不属于赔偿范围的间接损失。继2010年《国家赔偿法》将错误罚没、冻结款项的赔偿扩大到同期存款利息[②]之后，2022年出台的《涉执行赔偿解释》进一步将此项赔偿延伸到财产损害中有利息损失的所有情形。

[①] 按照《精神损害赔偿解释》规定，侵犯人身自由被羁押6个月以上，造成人身伤害轻伤以上、身体残疾、死亡，或者虽然没有上述情形但受害人有精神障碍或者精神残疾等严重后果且与侵权行为存在关联，即可请求支付精神损害抚慰金。

[②] 参见2010年《国家赔偿法》第36条第7项关于"返还执行的罚款或者罚金、追缴或者没收的金钱，解除冻结的存款或者汇款的，应当支付银行同期存款利息"之规定。

该解释同时还明确规定,事关受害人生存权的财产损失,其赔偿范围为实际损失。①过去被拒之门外的收入损失等,将因此被纳入国家赔偿范围。

其二,可对基准时进行合理调整。刑事赔偿中,人身自由赔偿金按照国家上年度职工平均工资计算,而"国家上年度职工平均工资"是一个逐年调整的变量,故基准时的确定就需要进一步统一标准。按照有关司法解释,上述标准中的"上年度",应为赔偿义务机关、复议机关或者人民法院赔偿委员会作出赔偿决定时的上年度;复议机关或者人民法院赔偿委员会决定维持原赔偿决定的,按作出原赔偿决定时的上年度执行。案件进入申诉程序后,基准时变得更为复杂。按照2014年司法解释,②人民法院赔偿委员会依法纠正原赔偿决定时,原决定的错误系漏算部分侵犯人身自由天数的,应在维持原决定支付的人身自由赔偿金的同时,就漏算天数按照重新审查或者直接审查后作出决定时的上年度国家职工平均工资标准计算相应的人身自由赔偿金。原决定的错误系未支持人身自由赔偿请求的,按照重新审查或者直接作出决定时的上年度国家职工平均

---

① 参见《涉执行赔偿解释》第16条第2款关于"错误执行生产设备、用于营运的运输工具,致使受害人丧失唯一生活来源的,按照其实际损失予以赔偿"之规定。
② 《最高人民法院关于人民法院赔偿委员会依照〈中华人民共和国赔偿法〉第三十条纠正原生效的赔偿委员会决定应如何适用人身自由赔偿标准问题的批复》(法释〔2014〕7号)。

工资标准计算人身自由赔偿金。

非刑事司法赔偿中,财产损失计算的基准时问题最为常见。《涉执行赔偿解释》借鉴有关侵权法规则作出了规定。该规定的适用可分为以下三步:第一步,财产损失按照错误执行行为发生时的市场价格计算,有利息损失的应当支付利息(利息计算期间从错误执行行为实施之日起至赔偿决定作出之日止)。第二步,错误执行行为发生时的市场价格无法确定,或者因市场跨度长、市场价格波动大等因素,按照错误执行行为发生时的市场价格计算显失公平的,参照赔偿决定作出时同类财产市场价格计算。第三步,上述方法仍然不足以弥补的,还可以采取其他合理方式。该规定在涉财产司法赔偿领域可以参照适用。

五是其他责任方式。消除影响、恢复名誉、赔礼道歉等方式,可以发挥损害赔偿所不具有的精神抚慰作用。[①] 随着社会不断进步,受害人对这些责任方式的诉求越来越高。各地已经做了一些有益的探索。有的法院在请求人所在地召开会议宣读赔偿决定,还有的法院公开召开基层组织、群众代表参加的"恢复名誉大会",为受害人恢复名誉消除影响。这些经验值得总结。

[①] "虽然损害赔偿反映了矫正正义的要求,但此种方式在财产领域尚谓正当,而在人格权领域,则并非在任何情况下都具有正当性。""被告根本没有赔礼道歉,仅仅乐意赔偿金钱,就好像打人一耳光赔100元钱后扬长而去一样,加害人没有做到真正的自省悔过,受害人也没有得到真正的抚慰。"参见王利明:《为什么需要强制赔礼道歉》,载《人民法院报》2012年10月16日,第2版。

4. 举证责任

一是举证责任分配。国家赔偿审判中，需要证明的事项为有无侵权行为、有无损害及损害大小、两者之间有无因果关系。有观点认为，举证责任均在于申请人。笔者认为，不能一概而论，需要具体情况具体分析。关于侵权行为，申请人只需证明义务机关作出了特定司法行为，其合法性、是否有过错或者是否尽到了注意义务，应由义务机关举证。关于损害及其大小、损害与侵权行为之间的因果关系，一般应由申请人承担举证责任。

二是举证责任倒置。有两种情形：其一，2010 年《国家赔偿法》第 26 条第 2 款规定，被羁押人死亡或者丧失行为能力的，义务机关对是否存在因果关系承担举证责任。其二，义务机关的行为导致受害人无法举证的，举证责任倒置。比如，人民法院在扣押物品时遗漏登记，且相关票据账目被扣押后下落不明，导致申请人只能列出漏登物品的种类和数量，而无法提供损害大小的证据。法院认为，只要申请人的主张具有合理性，即应举证责任倒置，如果义务机关不认可申请人的主张，即应承担举证责任。[①]

三是举证责任减轻。义务机关的行为影响申请人举证能力，更普遍的情况是导致申请人难以举证，而不是无法举证。因此，法院应当根据受影响的程度适当降低申请人的举证责

[①] 参见最高人民法院〔2021〕最高法委赔监 9 号决定书。

任。影响申请人举证能力的因素，除义务机关的行为外，还包括监狱等两造强弱明显的特定环境因素。比如，犯人称其重伤系遭管教人员电击殴打所致，其提供的只有在场其他犯人的证言，一般情况下这并未达到证明标准，但在监狱里能有这样的证据已属不易。为了公平起见，此时应由义务机关提供反证。

5. 时效

一是时效的性质。关于国家赔偿请求时效的性质，历来有实体说和程序说之分歧。实体说认为，请求时效是实体规定，如同民法上的诉讼时效。据此，请求时效只能作为义务机关的抗辩事由，人民法院在委赔程序中不能主动适用。程序说认为，国家赔偿请求时效是程序规定，如同行政诉讼法上的起诉期限。超过时效，受害人即丧失了诉权，人民法院在委赔程序中可以主动援引。上述认识分歧导致司法赔偿审判标准的混乱，亟待统一。笔者认为，程序说虽可在法条文义上找到一定依据，[①]但综合考虑，请求时效应定性为实体规定为宜。首先，按照程序说，罹于时效丧失诉权；按照实体说，罹于时效丧失胜诉权（或者发生义务方的抗辩

[①] 《国家赔偿法》第 39 条第 1 款第 2 句规定："在申请行政复议或者提起行政诉讼时一并提出赔偿请求的，适用行政复议法、行政诉讼法有关时效的规定。"由于行政诉讼法上只有期限的规定，有些法院据此将行政赔偿中的请求时效与行政诉讼法的起诉期限画了等号。由于地方法院行政审判与司法赔偿审判共用一支队伍的情况较为普遍，导致国家赔偿时效程序说在司法赔偿审判中也曾有一定市场。

权）。在两种方案均可起到督促及时行使权利和维护公法秩序稳定的情况下，应当选择更有利于权利救济的实体说。其次，2010年《国家赔偿法》第39条的两款规定，除去第1款第2句之外，从内容到表达形式均与民法诉讼时效之规定一致。最后，域外立法例上请求时效均为实体规定，[①]这一经验值得重视。

二是时效的起算。其一，起算点选择的一般原则。按照侵权法规则，请求时效应当自知道或者应当知道权利受到侵犯的时间起算。而在司法赔偿领域，请求赔偿原则上又须等待相关司法行为终结方为时机成熟。两个时间节点到底以哪个作为时效的起算点呢？笔者认为，知道侵权行为是申请国家赔偿的实体条件，相关司法程序终结是申请国家赔偿的程序条件，申请国家赔偿，两个条件均须满足。因此，两者之中哪个条件成就在后，原则上就应当以哪个时间为起算点。其二，视为司法程序终结情况下请求时效起算点的选择。视为司法程序终结包括刑事赔偿中的视为终止追究刑事责任，以及涉执行赔偿中的终本视为终结执行等情形。受害人自视为司法程序终结的条件成就之日即可请求赔偿，但请求时效起算点到底是从视为司法程序终结成就之日，还是相关司法程序终结之日，认识不一致。笔者认为，请求时效应自司法程序终结之日起算，此前视为司法程序终结条件已经成就的，在司法程序终结之前请求时效不

[①] 实体规定有诉讼时效和消灭时效之别。比如日本国家赔偿的请求时效直接适用民法上诉讼时效之规定，德国的国家赔偿超过时效则请求权消灭。

宜起算，但受害人自条件成就之日即可请求赔偿。主要理由是：首先，受害人选择等待司法程序终结的信赖利益应当予以保护，这是请求时效恒以司法程序终结之日为起算点的根本原因。①其次，司法程序条件是否成就，受害人不易判断，在此情况下开始起算时效对受害人显失公正。视为程序终结本意在于及时救济，使受害人在可以选择等待程序终结的情况下，多一种提前请求赔偿的机会。最后，在程序终结条件已经成就的情况下，司法机关通常负有作出决定的法定职责，在保证及时救济的前提下，时效起算恒以程序终结时间为准，可以起到倒逼司法机关履责的作用。

三是时效中断制度的可适用性。时效旨在鼓励当事人认真对待权利，不做"权利上的睡眠者"。时效中断的目的在于，为认真对待权利的当事人延续司法保护。《国家赔偿法》没有规定中断制度，主要是因为立法机关认为国家赔偿与民事赔偿存在根本不同。民事赔偿中，债权人向债务人主张权利的效果是，基于其积极态度而自主张之日重新起算时效。国家赔偿中，受害人向义务机关主张权利的方式是提出赔偿申请，而提出申请，就进入了公法处理程序。义务机关的答

---

① 司法程序终结之前发生的侵权行为如果与司法程序无关——比如殴打、虐待等事实行为，则受害人亦可不待程序终结，自侵权行为发生即可请求赔偿，而实务中，请求时效多自侵权行为或者知道侵权行为之日起计算。此种情形与视为程序终结均为提前申请，但时效起算点不同，理由何在？笔者认为，主要看侵权行为与司法程序的关系，与司法程序明显无关则等待程序终结缺乏正当性，与司法程序有关或是否有关申请人难以准确判断的，则等待程序终结就具有正当性。

复是有法律效力的公法决定，如果不服，就沿着自赔、复议、委赔的程序一路走下去。也就是说，国家赔偿当中，当事人只要提出权利主张，就进入了法律救济程序，自然也就无须重新计算时效。从实践来看，多数情况确无时效中断之必要，但有些极特殊情况比如义务机关选择错误且被选择的机关未告知正确的救济途径，致使申请人按照错误的救济程序一路走下去，最终驳回时已经超过两年。类似问题怎么解决？笔者认为，通过法律修改解决更合适。而在修法之前，可以参照适用期限扣除的有关规定。

第二部分
Part Two
典型案例分析
Typical Case Analysis

笔者从办理的5000多件案件中，精选出以下14件典型案例。案例一首次运用规范保护理论，厘定结婚登记案件的原告资格，同时强调维护婚姻关系稳定的重要价值。案例二恰当运用法律推定方法，对"无主体拆迁"的做法说"不"，入选"推动中国法治进程十大行政诉讼典型案例"。案例三以复议前置的例外倒逼行政机关依法规范地行使权力。案例四充分体现了诉讼类型化的实践价值。案例五精准界定了刑事侦查与行政行为的边界。案例六、七、八为行政审判中运用行政法上一般原则提供了范例。案例九、十以司法善意填补法律空白，让人民群众感受到公平正义。案例十一、十二合理运用解释方法，找到了国家、社会、个体三者利益黄金分割的平衡点，树立了以正当程序保护权利的界碑。案例十三在展示情况判决适用条件的同时，其正当程序原理的运用亦引发相当关注，被认为是"在法条主义的冰河下，涌动着司法能动主义的暗流。在相对局促的空间里，中国法院展示了它维护程序正义的积极立场"。[1] 案例十四以能动司法，顺应不断发展的司法需求，推动国家赔偿制度与时俱进。

---

[1] 参见何海波：《晨光初现的正当程序原则》，载《法学研究》2009年第1期。转引自梁君瑜：《行政正当程序原则》，载章剑生等主编：《行政法案例百选》，法律出版社2020年版，第5页。

一、婚姻登记案件的原告资格和判决方式

【裁判要旨】

依据《行政诉讼法》规定,有权起诉婚姻登记行为的婚姻关系当事人死亡的,其近亲属可以提起行政诉讼。但其近亲属以继承权受到婚姻登记侵犯为由提起行政诉讼的,不具有原告资格。

婚姻关系双方或一方当事人未亲自到场进行婚姻登记,且不能证明婚姻登记系男女双方的真实意思表示,当事人对该婚姻登记不服提起诉讼的,人民法院应当依法予以撤销。

【案号】

最高人民法院(2005)行他字第13号

【案情】

原告:郑某。

被告:民政局。

第三人:张某。

胡某和张某到当地民政局办理结婚登记手续。结婚登记

员在审查登记材料时，发现没有两人的婚前检查证明，要求补办婚前检查证明后再来登记。胡某遂与登记员发生纠纷，在他人劝阻下胡某离去。次日，胡某的堂兄为两人填写了结婚登记申请书，在申请人栏和"当事人领证并按指印"栏中分别签署两人姓名，加盖自己的指印，然后将申请书以及两人的其他材料请托他人帮忙，最终获颁结婚证，并交给张某。之后胡某因病死亡，胡某的母亲郑某提起行政诉讼，请求撤销民政局颁发的上述结婚证。浙江省高级人民法院审理本案期间，考虑到本案的社会影响较大，如何适用法律认识上又很不一致，为慎重起见，向最高人民法院提出请示。

【审判】

浙江省高级人民法院就本案请示两个问题：一是关于郑某的原告资格问题。多数意见认为，郑某具有原告资格，有权对民政局准予胡某、张某结婚登记的行政行为提起行政诉讼。少数意见认为，郑某与他人的婚姻登记行为之间不具有法律上利害关系，胡某虽系郑某之子，但其结婚登记对郑某而言，仍系他人的婚姻登记行为，故郑某无权对之提起行政诉讼。二是关于结婚证应否撤销的问题。多数意见认为，该登记行为违反法定程序，法院应当判决撤销。少数意见认为，结婚登记仅仅违反法定程序并不足以适用撤销判决。

最高人民法院答复：第一，依据我国1989年《行政诉讼法》第 24 条第 2 款[①]规定，有权起诉婚姻登记行为的婚姻关系当事人死亡的，其近亲属可以提起行政诉讼。第二，根据《婚姻法》第 8 条规定，婚姻关系双方或者一方当事人未亲自到婚姻登记机关进行婚姻登记，且不能证明婚姻登记系男女双方的真实意思表示，当事人对该婚姻登记不服提起诉讼的，人民法院应当依法予以撤销。[②]

【评析】

本案涉及两个问题：一是对行政机关依本人申请作出的结婚登记行为，本人的近亲属是否具有起诉的原告资格。二是对程序违法的被诉婚姻登记应当如何判决。

（一）近亲属的原告资格问题

关于行政诉讼的原告资格，2014 年《行政诉讼法》有两个条款作出了规定：一是该法第 2 条规定，原告是认为自己的合法权益受到行政行为侵犯的公民、法人或者其他组织。二是该法第 25 条第 1 款规定，原告的范围限于"行政行为的相对人以及其他与行政行为有利害关系的公民、法人或者其

[①] 现对应 2017 年修正的《行政诉讼法》第 25 条第 2 款。
[②] 参见《最高人民法院关于婚姻登记行政案件原告资格及判决方式有关问题的答复》（〔2005〕行他字第 13 号）。

他组织"。[①]其将原告分为行政行为相对人和其他利害关系人两大类。前者重在指导当事人，后者则更多地为法院提供审查标准。婚姻登记案件中，行政相对人的近亲属是否具有原告资格，就看其与婚姻登记是否具有利害关系。

"利害关系"是一个不确定的法律概念，但是司法实践一直不断地在做具体化的努力。2018年《行诉解释》第12条列举了与被诉行政行为有利害关系的具体情形，明确了行政行为涉及的相邻权人或者公平竞争权人、行政复议等行政程序的第三人、要求行政机关追究加害人责任的民事侵权受害人、受到行政行为改变影响的人、为自身利益投诉举报者等特定主体针对特定行政行为提起诉讼的原告资格，解决了很多实践难题。第13条在原则排除债权人起诉行政机关对债务人所作的行政行为的原告资格之后，规定"但行政机关作出行政行为时依法应予保护或者应予考虑的除外"。该规定以规范保护理论为基础，揭示了"利害关系"的基本内涵，提出了可操作的普适性标准，为决疑提供了更为具体的指导，意义重大。

按照规范保护理论，提起行政诉讼的人所主张的利益不仅必须属于合法权益，而且该权益必须处在相关行政法律规

[①] 2014年《行政诉讼法》第2条规定源自1989年《行政诉讼法》第2条规定的保留。2014年《行政诉讼法》第25条规定则源自对2000年《行诉解释》第12条规定内容的吸收，至于两条规定中的"利害关系"和"法律上利害关系"，作为界定原告资格的重要标准，并无实质不同。

范保护或者调整的范围内。进言之，规范保护理论要求原告所主张的利益，必须属于相关行政法律规范要求行政机关要么予以保护，要么予以考虑的利益。起诉人只有主张这样的利益时，才与行政行为具有利害关系，也才具有原告资格。如果对起诉人主张的利益，相关行政法律规范并不要求行政机关予以保护或者考虑，则其与行政行为就不具有利害关系，也就没有原告资格。

　　本案中，对行政机关为郑某之子胡某与第三人张某办理的结婚登记，郑某是否具有起诉的原告资格，就看郑某起诉所主张的利益，行政机关在办理结婚登记时，《婚姻法》及婚姻登记规则是否要求其予以保护或者予以考虑。郑某是胡某的母亲，是第一顺位的继承人。如果郑某以被诉结婚登记侵害其继承权为由提起诉讼，则接下来需要分析的问题就是：继承权是否受到《婚姻法》及婚姻登记规则的保护。胡某与张某的结婚登记，客观上会减少郑某未来的继承份额，结婚登记对继承权的影响是显而易见的。但是按照《婚姻法》规定，结婚最重要的原则是自愿原则，不许任何一方对他方加以强迫或者任何第三者加以干涉。如果在结婚登记时保护继承权，继承权人的意志将凌驾于婚姻双方之上；即使纳入考虑范围，对婚姻双方亦将构成难以摆脱的干扰。因此，保护继承权的诉求与结婚自愿的原则严重抵牾，无法兼容。也就是说，继承权虽然是受法律保护的利益，但它是婚姻登记制度"无法承受之重"，在结婚登记程序中无法提供保护，因此，郑某如果认为被诉结婚登记侵犯其继承权，则无法获得原告资格。

不过，本案中郑某并未把继承权作为起诉的权利基础。她提出，结婚登记都是张某单方办理，胡某并不知情。也就是说，她主张的是儿子胡某的婚姻自主权，而婚姻自主显然是婚姻登记规则应当保护的权利。根据当时的《行政诉讼法》第24条第2款（现为该法第25条第2款）规定，郑某作为胡某的母亲，在胡某死亡的情况下，可以自己的名义提起行政诉讼。需要注意，从《行政诉讼法》该款规定有关"有权提起诉讼的公民死亡，其近亲属可以提起诉讼"的内容看，近亲属只有在主张死亡公民的权利且该公民本来具有原告资格时才有诉权。如果近亲属主张自己的权利提起诉讼，则不能援引本款规定。其是否具有原告资格，只能运用规范保护理论作出判断。

（二）程序违法的判决方式

《婚姻法》规定，要求结婚的男女双方必须亲自到婚姻登记机关进行结婚登记。这是结婚登记的一个程序要求。胡某与张某办理结婚登记时双方没有到场，不符合程序要求，登记机构予以办理结婚登记亦为违反法定程序。按照《行政诉讼法》规定，违反法定程序的行政行为应当判决撤销，那么此种情况能否判决撤销胡某和张某的结婚登记呢？最高人民法院的答复意见是，仅有上述违法还不够，还须不能证明结婚出自申请双方真实意思表示才可以撤销。笔者认为，最高人民法院的答复意见可以从以下两个角度进行分析：

一是从个人角度看，胡某和张某对于结婚登记的信赖利益值得保护。只要结婚登记出于胡某和张某的真实意思，则实体上已经符合了婚姻法上最为重要的结婚自愿或者婚姻自主的原则，就应当优先考虑信赖保护原则的适用。当然，适用信赖保护原则对当事人亦有特殊的要求。首先，申请人没有婚姻无效或者可撤销的重大瑕疵。比如，双方为直系血亲或者三代以内的旁系血亲，诉讼时仍不到法定婚龄，等等。其次，申请人没有重大过失，且对于违法行政行为的作出没有产生影响。就本案而言，申请人不到场确实属于程序违法，但申请人不存在恶意欺诈、隐瞒等重大过失的情形。行政机关作为执法者，以及行政法律关系中的主动一方，完全左右行政行为的合法性，申请人并无能力误导行政机关。在此情况下，行政机关本应告知申请人依照法律规定到场登记，但径予办理登记，属于把关不严。申请人虽有程序上"抄近路"的过失，但在结婚登记结果正确性未受影响的情况下，双方对结婚登记的信赖利益不宜否定。

二是从社会角度来看，个人的信赖利益如果普遍化就不再是单纯的个人利益，而是社会公共利益。婚姻登记直接关系家庭的稳定，进而影响到社会稳定。正所谓"宁拆十座庙，不破一桩婚"。在撤销婚姻登记时应当慎之又慎。事实上，1950年《婚姻法》即要求结婚登记须双方到场，其后，

《婚姻法》经历了数次修改，始终保留了这一要求。而且，这一要求在程序上的确非常重要。但是，现实情况中，这一规定长期以来并未受到应有的重视。尤其是时间越早，结婚双方或者单方没有到场的情况越多，如果简单地以程序违法为由判决撤销，将对家庭、社会造成很大冲击。笔者认为，类似情况实已符合情况判决的适用条件。

二、无主体拆迁行为主体的推定与行政诉讼被告的确定

【裁判要旨】

行政诉讼的适格被告应当根据"谁行为,谁被告;行为者,能处分"的原则确定。通常情况下,行政行为一经作出,该行为的主体就已确定。但在某些特殊情况下,行政行为的适格主体在起诉时难以确定,此时应当通过审理并运用举证责任规则作出判断。

在无主体对强拆行为负责的情况下,人民法院应当根据职权法定原则及举证原则作出认定或者推定。

【案号】

最高人民法院(2018)最高法行再113号、[①]山东省高级人民法院(2016)鲁行终865号、山东省滨州市中级人民法院(2015)滨中行字初字15号

---

① 本案入选中国法学会行政法学研究会《推动中国法治进程十大行政诉讼典型案例》,并被收入中央电视台专题纪录片《中国行政审判三十年》。

【案情】

再审申请人(一审原告、二审上诉人):李某夫妇。

再审被申请人(一审被告、二审被上诉人):县政府。

县政府决定进行旧城改造,组织成立了开发建设指挥部。李某夫妇居住的房屋被列入改造范围。在旧城改造期间,开发建设指挥部发布了征收决定和征收补偿安置方案。由于李某夫妇因对补偿标准有异议,在长达4年的时间里,双方一直未签订补偿安置协议。之后该房屋被身份不明的人拆毁,李某夫妇认为系征收部门委托的拆迁公司所为,遂向公安机关报案。县公安局调查后认为没有犯罪事实发生,不符合立案条件,通知李某夫妇不予立案。李某夫妇遂提起行政诉讼称,县政府在既没有告知原告,也没有作出强制拆除决定的情况下,将其房屋违法拆除,屋内许多生活用品及贵重物品被掩埋,请求确认县政府强拆行为违法并赔偿其损失。

【审判】

中院一审认为,李某夫妇提供的证据不能证实县政府工作人员参与或实施拆除原告房屋的行为,其报案时亦未主张其房屋受损系县政府所为,且县政府否认自己曾实施上述行为,故县政府并非本案适格被告,李某夫妇的起诉不具备法定条件,裁定予以驳回。李某夫妇不服提出上诉。高院二审裁定驳回上诉,维持原裁定。李某夫妇不服申请再审,最高人民法院裁定提审本案。

最高人民法院再审认为，本案中，一、二审法院均以李某夫妇提供的证据不能证明被征收的房屋系被县政府强制拆除为由，认为县政府并非本案适格被告，进而裁定驳回起诉。故本案的焦点问题为，被申请人是否为被诉行政强制行为的主体。

行政诉讼的适格被告应当根据"谁行为，谁被告；行为者，能处分"的原则确定。通常情况下，行政行为一经作出，该行为的主体就已确定。但在某些特殊情况下，行政行为的适格主体在起诉时难以确定，只能通过审理并运用举证责任规则作出判断。《国有土地上房屋征收与补偿条例》第4条第1款、第2款规定："市、县级人民政府负责本行政区域的房屋征收与补偿工作。市、县级人民政府确定的房屋征收部门组织实施本行政区域的房屋征收与补偿工作。"第5条规定："房屋征收部门可以委托房屋征收实施单位，承担房屋征收与补偿的具体工作，房屋征收实施单位不得以营利为目的。房屋征收部门对房屋征收实施单位在委托范围内实施的房屋征收与补偿行为负责监督，并对其行为后果承担法律责任。"上述规定明确了市、县级人民政府及房屋征收部门、实施单位之间因房屋征收补偿工作产生的法律责任。如果对强拆行为没有主体声明负责，人民法院应当根据职权法定原则及举证责任作出认定或推定。如果用地单位、拆迁公司等非行政主体实施强制拆除的，应当查明是否受行政机关委托实施。

至于实施本案被诉行政强制行为的主体，虽然李某夫妇曾报案称房屋被拆迁公司故意毁坏，但公安机关不予立案并说明不存在刑事犯罪。一、二审法院在未查明是否系由用地单位或者拆迁公司所拆，以及是否受行政机关委托的情况下，以县政府否认实施强拆为由，认为李某夫妇未尽举证责任显为不当。李某夫妇提交的证据可以初步证明，县政府负有征收涉案房屋并予以补偿的法定职责，在双方未达成补偿安置协议且涉案房屋被强制拆除的情况下，县政府除非有证据证明涉案房屋系因其他原因灭失，否则可以推定其实施或委托实施了被诉强拆行为并承担相应责任。据此裁定撤销一、二审裁定，指令中院继续审理。

【评析】

城市化是现代化的必由之路。改革开放以来，中国的城市化取得的成就举世瞩目，城市房屋拆迁以及国有土地上房屋征收制度发挥了巨大作用，功不可没。征收拆迁制度成功的关键在于公益促进和私益保护之间的平衡。凡是效果好的，平衡一定做得好；效果不好的，也多在平衡方面出了问题。实践中，有的地方政府和行政部门急功近利，片面强调公益需要，为了建设项目尽快实施，早日见到效益，采取所谓"无主体拆迁"的方式，解决"钉子户"问题。即在被拆迁人不予配合时，不是依法采取强拆方式，而是趁被拆迁人不在家时，采取偷袭的方式强行拆除，以便更快实现执法目的。

被拆迁人提起行政诉讼时，由于被拆迁人很难证明强拆系行政机关所为，加之行政机关不承认，很多案件因此不能进门。由于行政审判一开始的保守立场，致使"无主体拆迁"不仅没有被及时遏止，反而被越来越多地效仿。为充分发挥行政诉讼的救济功能，回应人民群众期盼，本案再审判决运用事实推定的方法，通过推定被诉强制拆除房屋行为的主体，确定相关行政机关为适格被告，向"无主体拆迁"的做法说不。有评论认为，类似本案这样的案件"让政府学会了'守规矩'"。[①]

事实推定是一种由已知事实求得未知事实的诉讼状态，是包含实质内容的程序规则，反映了法院对案件事实的认识结果。[②] 推定介于推测和认定之间。推测是对事实所作的主观、任意猜测。认定是对事实所作的客观、终局认定。推定是依据经验法则作出的事实判断。在事实审查中，推测没有证明作用；认定可以起到终局证明作用，认定的事实具有法律真实性和不可反驳性，不能用反证推翻；推定的本来涵义是"暂定真实"[③]，推定的事实具有高度盖然性，但尚未达到法律真实的程度，具有可反驳性。推定的重要作用在于合理减轻当事人的举证负担，即在案件查明的事实已经足以推定

[①] 参见《30年来这10起案件，让政府学会了"守规矩"》，载《21世纪经济报道》2019年4月1日。

[②] 参见江伟主编：《证据法学》，法律出版社1999年版，第122页。

[③] 参见江伟主编：《证据法学》，法律出版社1999年版，第129页。

出对一方当事人有利的事实时，举证责任转移，由另一方当事人提供反证。如果另一方当事人不能提供反证或者反证不成立时，则推定的事实成立。

按照《行政诉讼法》关于起诉要"有明确的被告"以及"有具体的诉讼请求和事实依据"等要求，原告起诉时必须证明被诉行为系由被告所为。但本案中，原告李某夫妇在强拆行为发生时不在场，其举证能力受到客观情况的限制，难以确切证明强拆系谁所为。在此情况下，应当考虑事实推定方法之运用。

运用事实推定方法，关键就看前提事实是否具备。就本案而言，推定强拆行为系被告所为，必须具备两种关联性。其一，职责关联性。也就是说被诉行为与被告的职责具有关联性，或者说被诉行为在被告的权力范围内。结合《国有土地上房屋征收与补偿条例》和最高人民法院相关司法解释，市、县政府有权实施征收强拆。其二，事实关联性。仅仅因为被告有权实施征收拆迁，还不足以证明被诉强拆行为系其所为，因此必须证明其存在实施强拆的意图和动机。就本案来讲，县政府作出征收决定后，公布了补偿标准，多次与原告协商，但4年仍未达成协议。原告的房屋已经成为征收决定长期得不到实施的障碍，县政府具有拆除该房屋的强烈意愿。两种关联性结合起来，事实推定的前提事实已经具备。

运用事实推定方法，应当注意以下三点：一是原告仍需对前提事实的存在承担举证责任。"推定的事实既不需要主张也不需要证明，取而代之应当对推定的前提条件，即所谓推定基础，进行主张并且在发生争议时进行证明。"[①] 行为主体的推定，虽不要求原告直接证明被诉行政行为系由被告所为，但并未免除原告的举证负担，仍需对推定被告的前提事实负举证责任。就本案而言，李某夫妇至少要证明行政机关有拆除其房屋的明显动机。原告的举证负担，在国有土地上房屋征收和以前的城市房屋拆迁中有所不同。在国有土地上房屋征收中，行政机关是征收人，具有包括实施强拆在内的法定职权，也是强拆的受益者，故原告一般只要证明被告已经作出征收决定并予实施即可。城市国有土地上房屋征收的前身是城市房屋拆迁，两者在被告推定规则的适用上存在根本不同。过去的城市房屋拆迁案件中，行政机关是拆迁人和被拆迁人之间的仲裁者，强拆的最大受益者是拆迁人，仅仅证明行政机关依程序推进拆迁工作是不够的，至少还要证明其已经作出了强拆决定，或者实际上有这样的意思表示，才可以推定其为强拆的实施主体。二是要给予被告提供反证的机会。并非原告证明或者法院查明前提事实之后，马上就可以作出行政机关是适格被告的结论，而是在此之前必须先给被告提供反证的机会。因此，事实推定与举证责任倒置紧密相连，只有在被告不提供反证或者提供的反证不能成立的情况下，才可以作出事实推定。被告提供反证时仅仅陈述不是自己所为是不够的，而是必须要指出并证明房屋是被谁拆除的。三

[①] 参见［德］罗森贝克等：《德国民事诉讼法》，李大雪译，中国法制出版社2007年版，第833页。

是对其他主体认领责任应适当审查。有时会有征收部门或者征收实施单位主动揽责的情况，承认系自己所为。法院怎么办？按照《国有土地上房屋征收与补偿条例》和相关司法解释规定，市、县人民政府才是强拆行为的权利义务承受者。征收部门和征收实施单位只有接受市、县人民政府委托方可实施强拆。在此情况下，法院应当查明该拆除行为是否受行政机关委托而实施。

行政诉讼的一方是公民、法人或者其他组织，另一方是行政机关。行政机关拥有的权力和能力远非公民、法人或者其他组织所能及。"一开始，诉讼双方基本上是不平等的。行政法的目标就是要纠正这种不平等，要尽可能保障在法庭面前，把个人和国家放在平等的地位上。"[①]本案中，面对原告因拆迁法律关系中的不利地位导致诉权难以行使的困境，人民法院精准运用事实推定原理解决了问题，使公平正义得以彰显。2021年4月1日，最高人民法院颁布实施了《最高人民法院关于正确确定县级以上地方人民政府行政诉讼被告资格若干问题的规定》（法释〔2021〕5号），对相关认定规则加以明晰。

[①] 参见［美］施瓦茨：《行政法》，徐炳译，群众出版社1986年版，第25页。

三、因被告原因无从判断复议前置时可直接起诉

【裁判要旨】

因行政机关的原因导致相对人无法判断其行政行为的性质及适用的法律规范,进而无法判断此种情形下提起行政诉讼是否须经复议前置,相对人直接提起行政诉讼的,人民法院应当依法受理。

【案号】

最高人民法院(2005)行提字第1号[1]

【案情】

原告:某公司。

被告:工商局。

某公司为某棉麻公司联系购销计划外棉花,被工商局罚款100万元。工商局公平交易局在查扣某公司150万元款项后,向其出具实际收到罚款150万元的证明。之后,上述款

---

[1] 本案行政裁定书登载于《最高人民法院公报》2006年第4期。

项被工商局用作办公经费。该公司不服,提起行政诉讼称,工商局以罚款证明的方式没收其棉花款违法,请求法院判决撤销该证明,判令工商局归还没收的 150 万元并赔偿经济损失 20 万元。

工商局辩称,依据《投机倒把行政处罚暂行条例》第 11 条[①]和 1989 年《行政诉讼法》第 38 条规定,某公司在法定期限内未申请复议和提起行政诉讼,属自动放弃其复议权和起诉权,请求法院驳回其诉讼请求。

【审判】

一审法院认为,被告工商局对某公司违法经营棉花是依据《投机倒把行政处罚暂行条例》之规定进行的处罚。根据该条例第 11 条规定,原告某公司不服行政处罚可先向上一级工商机关申请复议,对复议仍不服的,才可在法定期限内向人民法院起诉。原告的起诉不符合起诉条件,裁定驳回原告某公司的起诉。该公司不服提起上诉。二审法院裁定驳回上诉,维持原裁定。该公司不服二审裁定,向最高人民法院申请再审。

最高人民法院认为,根据 1989 年《行政处罚法》第 31

[①] 该条例已于 2008 年 1 月 15 日失效。该条例第 11 条规定:"被处罚人对工商行政管理机关的处罚决定不服的,可以在收到处罚通知之日起十五日内向上一级工商行政管理机关申请复议。上一级工商行政管理机关应当在收到复议申请之日起三十日内作出复议决定。被处罚人对复议决定不服的,可以在收到复议申请之日起十五日内向人民法院起诉。"

条、第 39 条之规定，行政机关在作出行政处罚决定前，应当告知当事人作出行政处罚决定的事实、理由及依据，并告知当事人依法享有的权利；行政机关在其作出的行政处罚决定书上亦应当载明当事人"违反法律、法规或者规章的事实和证据""行政处罚的种类和依据"以及"当事人不服行政处罚决定，申请行政复议或者提起行政诉讼的途径和期限"等必要内容。工商局出具的罚款证明，既未告知某公司的违法事实，亦未告知适用的法律依据，在此情况下，某公司无从判断其行为性质及相应的法律规范，且有关证据表明，此笔款项实际上已作为工商局办案经费。原一、二审法院以某公司未经复议直接向人民法院起诉，不符合《投机倒把行政处罚暂行条例》第 11 条关于复议前置之规定为由裁定不予受理，于法无据。据此作出裁定：撤销一、二审裁定，指令中院按照第一审程序对本案进行审理。

【评析】

关于复议与诉讼的衔接关系，很多国家把复议前置作为规范行政诉讼门槛的一个原则。我国的情况有所不同。从《行政诉讼法》和《行政复议法》的规定看，均是以当事人选择为原则，复议前置为例外。法律、法规可以设置复议前置的例外规定。按照行政法原理，规定复议前置的情形一般应限于专业性强或者条线管理需要加强内部监督的行政领域。

对法院而言，复议前置有助于查明行政行为的事实问题。复议借助行政系统的专业优势，使复杂的专业性问题变得更为容易理解。在行政诉讼中，前置的复议程序还可以减轻法院的审查负担，便于法院发挥优势和专长，集中精力对法律问题作出精准判断。对当事人而言，复议具有方便高效等诸多好处，但复议前置有时可能会变成一种负担或者不利益。本案的情况就是如此。

《投机倒把行政处罚暂行条例》规定，依据该条例作出的处罚行为，对之不服提起行政诉讼的，实行复议前置。在行政诉讼中，复议前置是一道诉讼门槛，如果没有经过复议，相对人就没有提起行政诉讼的权利。一般情况下，行政机关依据上述规定，针对其认定的投机倒把行为，对相对人作出处罚决定后，如果相对人没有经过复议就提起行政诉讼，裁定予以驳回当然没有问题。但本案中，行政机关只是直接扣押了相对人的款项，出具了罚款收据，而没有告知相对人有什么违法行为，违反了哪个法律条款。站在相对人的角度，由于无法判断该行为是否应当先行复议，故其直接起诉并无过错。诉讼中，被告指出原告从事的是投机倒把行为，按照《投机倒把行政处罚暂行条例》的规定，应当先行复议。在诉讼已经开始进行的情况下，按照被告的意见驳回起诉，让原告再去申请复议，无端增加原告的救济负担，等于用被告的错误惩罚原告。在此情况下，再审判决没有拘泥于法条，而是特别强调保护诉权的重要性，要求原审法院打开诉讼大门，让本案直接进入实体审理。

本案还涉及一个值得注意的问题,复议前置是刚性要求,如果相对人实体上可能存在被告指出的特定违法,是否就必须要先经复议才能诉讼呢?笔者认为没有必要。主要理由有三点:一是复议前置不能成为妨碍当事人诉权行使的幌子。在行政机关违反法定程序,不依法作出行政决定,导致相对人无从判断是否诉讼需要先行复议时,不允许其直接诉讼,显然有失公平。这种情况下,只要不是行政事项的专业性、技术性强到法院无法直接审理的程度,就应依法受理此类案件。而对于行政机关来说,如果不希望相对人越过复议程序直接起诉,就应依法规范地行使权力,故允许相对人直接起诉有倒逼依法行政的作用。二是行政问题的专业性、技术性的确会给行政诉讼造成困难,但并非不可逾越。"行政行为涉及专业性、技术性等问题适合复议前置得到认可,但由于专业性、技术性的判定却比较难,这意味着即使规定类似标准,结果可能仍取决于单行立法的规定。"[①]事实上,过去的很多单行法,尤其是法规设定复议前置的情形,规范的内容都很难称得上专业性、技术性问题。本案所涉投机倒把的认定和处理,就不属于专业性、技术性门槛很高的情形。三是法院不能回避对事实问题的审查。退一步讲,即便仍把复议前置作为本案受

[①] 参见杨伟东:《行政复议与行政诉讼的协调发展》,载《国家行政学院学报》2017年第6期。

理的一道门槛，被告仅是答辩中声称原告存在投机倒把行为，并以此为由主张复议前置，法院在此情况下亦不应照单全收，至少应该审查作为相对人的原告存在投机倒把是否具有较大的可能性。如此，法院已经跨过了所谓的专业技术门槛，深入到最难的行政事实部分进行审查了。既然面对近在咫尺的球门只剩下临门一脚，又何必非要回传给行政机关呢？即使事实问题具有复杂性、专业性，出于及时救济的需要，亦不应对迎难而上的法院加以指责。

四、行政诉讼的类型、审查范围与判断基准时

【裁判要旨】

撤销诉讼中,人民法院应当以行政行为作出时行政机关能够发现的事实作为合法性评价的依据。据此,行政机关在作出行为当时无法发现该事实的,即使行政行为与客观事实不符,也不应简单否定行政行为的合法性。

给付诉讼转化而来的义务诉讼中,前述行政行为虽然不宜判决撤销,但行政机关嗣后发现瑕疵且该瑕疵仍有侵权可能的,亦负有义务依法及时改正,并根据需要作出新的行政行为。

【案号】

最高人民法院(2013)行提字第7号

【案情】

再审申请人(一审原告、二审上诉人):某银行。

再审被申请人(一审被告、二审被上诉人):黄埔工商分局。

黄埔工商分局接到上海吴淞海关移交的某公司涉嫌走私

澳大利亚进口羊毛案,并于当天扣押了该公司存放于仓库的涉案羊毛。经鉴定,发现羊毛出现脱脂变质现象,黄埔工商分局遂先行拍卖,得款人民币719万余元。因查不到相关当事人,黄埔工商分局发布公告,载明:限涉案羊毛的所有人3个月内携有关证明接受调查,逾期将依照《工商行政管理机关行政处罚程序暂行规定》(以下简称《暂行规定》)第61条规定处理。由于货物所有人逾期未出现,黄埔工商分局作出了视涉案羊毛为无主财产上缴财政的决定。

该公司在海关调查前,将上述货物质押给某银行,作为一笔借款的担保,并将仓库出具的仓单交某银行保管。中院作出民事判决,认定借款合同及质押合同均合法有效,某银行自合同签订之日即对涉案羊毛享有质权。判决生效后,某银行申请强制执行,但因质物被没收而执行不能。某银行遂提起行政诉讼,请求判决撤销黄埔工商分局作出的没收涉案羊毛的决定,将涉案羊毛的拍卖款给付某银行。

某银行提出,被诉行政行为作出之前,其和中院曾向吴淞海关和黄埔工商分局就涉案羊毛进行交涉,故两部门知悉涉案羊毛设定质权的情况。吴淞海关对此认可,但黄埔工商分局予以否认。关于黄埔工商分局是否知悉,某银行未能提供相应证据。关于黄埔工商分局是否通过案件移交知悉,经查吴淞海关移交材料,亦无涉案羊毛设定质权的相应记载。

⚖【审判】

区法院一审认为,被告黄埔工商分局按照有关行政处罚程序的规定进行调查,在无法找到并确认走私、贩私行为人,进而处罚违法行为人的情况下,按照《暂行规定》作出视为无主财产上缴财政的行政处理决定,符合行政效率原则和相关法律规定。被诉行政行为认定事实清楚、证据确凿,适用法律正确,且执法程序合法。据此判决维持黄埔工商分局处理涉案羊毛的行为。某银行不服,提出上诉。

中院二审认为,黄埔工商分局在调查过程中,由于查找不到相关当事人,遂依据《暂行规定》第61条的规定,经过公告3个月,仍无法找到当事人,故认定羊毛为无主财产,并将拍卖所得款上缴财政,执法程序并无不当。某银行认为黄埔工商分局知悉羊毛设有质权的情况,但未能提供证据证明,且在公告期间也未派员接受调查。故黄埔工商分局认定涉案羊毛属无主物的事实清楚。据此判决驳回上诉,维持原判。某银行不服,向高院申请再审。高院以与原审判决相同的理由驳回其申请。

某银行不服继续申请再审,请求最高人民法院对本案进行提审或者指令再审,撤销原审判决和被诉行政行为,改判黄埔工商分局将拍卖涉案羊毛所得的价款给付某银行。

最高人民法院认为,关于被诉行政行为合法性问题。按照行政诉讼原理,应当以行政行为作出时行政机关能够发现的事实作为合法性评价的依据,据此,即使行政行为与客观事实不符,但行政机关在作出行为当时无法发现该事实的,亦不应以此简单地否定行政行为的合法性。本案中，被申请人黄埔工商分局对涉案羊毛进行调查，由于查找不到相关当事人且货物所有人经公告仍未出现，遂依照当时生效的《暂行规定》对无主财产认定的相关要求，作出了被诉行政行为。从法律上讲，将设有质权的涉案羊毛视为无主财产当然是缺乏依据的，但问题是，现有证据不能证明被申请人在作出被诉行政行为时知道涉案羊毛设有质权，只能推定其当时不知情。在此情况下，作出被诉行政行为是其当时法律上的唯一选择，不能以事后发现的事实简单地否定被诉行政行为的合法性。鉴于此，对再审申请人提出的撤销被诉行政行为的请求，不宜直接予以支持。

关于被申请人对被诉行政行为是否有自我纠正义务的问题。最高人民法院认为，没有法律依据而限制或者剥夺相对人合法权益的行为终究是依法行政的基本原则所不能允许的，故行政机关一旦发现行政行为存在瑕疵，且该瑕疵损害或者可能损害相对人合法权益时，即有义务及时改正。本案中，被申请人即使事后发现涉案羊毛设有质权，也应认识到该行为与客观事实不符，缺乏法律依据，其继续存在必然阻碍质权人合法利益的实现。因此，对于被诉行政行为的瑕疵，被申请人一经发现即负有及时改正的义务。该义务包括两项内容：一是就涉案羊毛可能涉及的违法问题，依照法律规定就被申请人有无处理权限作出判断。被申请人如果无权处理，则交有权机关继续调查；如果有权处理，则组织自行调查并作出处理。二是被申请人如果有权处理，则应一并对再审申请人提出的返还请求作出处理。参照国家工商总局《工商行政管理机关行政处罚程序规定》，被申请人应在判决生效之日起 15 日内移交有权机关调查；如果自行调查，则应在启动调查之日起 120 天内作出处理。

关于涉案羊毛拍卖款能否直接判决返还的问题，最高人民法院认为，再审申请人提出的判令返还涉案羊毛拍卖款的再审请求能否实现，取决于被申请人对涉案羊毛涉嫌走私问题如何处理。对此，如果涉案羊毛被认定为走私物，则不宜直接返还再审申请人，而应当由有权机关依据有关法律规定处理；如果涉案羊毛不属走私物，则对于国库而言，以无主财产为由收入其中的涉案羊毛拍卖款就是没有合法根据且造成质权人利益无法实现的不当利益。依照原《民法通则》第 92 条有关"没有合法根据，取得不当利益，造成他人损失的，应当将取得的不当利益返还受损失的人"的精神，国库即应将该款返还再审申请人。虽然被申请人已不掌握这笔款项，但作为给付义务主体，其负有启动涉案羊毛拍卖款返还程序的义务。根据现有证据，涉案羊毛是否为走私物尚不明确。根据《海关法》等有关规定，走私物的认定属于海关等行政机关的法定职权，不宜由法院直接作出认定。因此，对涉案羊毛是否属于走私物作出认定并进而判断被申请人是否负有启动返还程序的义务，需要有关行政机关作出首次判断，目前由法院直接作出裁判，时机并不成熟。

综上，被诉行政行为虽然不宜判决撤销，但被申请人嗣后发现瑕疵且该瑕疵仍有侵权可能的，亦负有改正义务。原审判决维持被诉行政行为,而未就被申请人履行改正义务作出判决,属于错判,应予纠正。此外,吴淞海关在案件移交过程中存在未告知涉案羊毛设有质权而置申请人于不利境地之情形,本应追加为被告或者第三人,原审法院未予追加确有不当,但虑及责令被申请人进一步履行相关职责已使申请人获得救济机会。据此判决:撤销原一、二审判决;责令黄埔工商分局在判决生效之日起 15 日内,将涉案羊毛涉嫌违法的问题交由有权机关处理,或者依职权启动调查并在其后 120 日内对再审申请人提出的返还请求作出处理。

【评析】

原审法院之所以对本案作出错判,其根本原因在于按照撤销诉讼的思路去审查本属义务诉讼的案件,而两种诉讼类型从审查内容到判断基准时,均有很大的差异。

(一)诉讼类型与审查内容

2014 年《行政诉讼法》引入了诉讼类型化的思路,[①] 把行

[①] 行政诉讼类型化在《行政诉讼法》制定时曾经有过讨论。最终没有采纳的原因是,尽管认识到行政诉讼类型化确有很多优点,比如诉讼的目标和要求更明确、更精细,有利于提高法院的审判质量,但也有其不足,主要是担心一般公民因为不具备行政诉讼的专业知识而被拒之门外,那么请律师帮忙,又将大大增加起诉人的负担。参见应松年:《回顾制定行政诉讼法时讨论的主要问题》,载《中国法律评论》2019 年第 2 期。经过 25 年的实践探索,加之借助域外诉讼类型化的最新经验,2014 年《行政诉讼法》在引入诉讼类型化思路的同时,为回应立法奠基者的担心,没有把诉讼类型规定在起诉阶段,而是规定在审理阶段,意在加大法院的责任,避免不当增加当事人的诉讼负担。

政诉讼分为撤销诉讼、确认诉讼、义务诉讼和给付诉讼四种基本类型。我国行政诉讼的类型与德国相同。[①]诉讼分类以诉讼标的为区分标准，诉讼标的是"原告所为之权利主张，或原告对法院裁判之要求"。[②]因此，诉讼类型不同，法院审查的内容也可能会有所不同。撤销诉讼中，法院审查被诉行政行为的合法性。确认诉讼中，法院审查被诉行政行为是否存在重大明显违法、已经失去效力的行政行为的侵权后果是否仍未消除或者当事人主张的行政法律关系是否存在。义务诉讼中，法院审查原告要求被告作出特定行政行为的理由是否具备或者完全具备。给付诉讼中，法院审查原告要求被告给付特定财产利益的理由是否具备或者完全具备。

在义务诉讼和给付诉讼中，"法院的功能不是监督性质的，而是去决定一个人的权力或者资格，这就不仅仅是撤销这一行政决定，还包括修改它。因此，有充分裁判权的行政法院在行使它的全部或者完全权力时，就可以像民事法院通常判决对侵权行为或者对违约合同进行赔偿一样"。[③]法国行政法之所以将两类诉讼称为完全管辖权之诉，就是因为法院为了尽可能具体明确地回应诉讼请求，可以审查包括原行政行为合法性在内的

---

① 德国行政诉讼类型主要区分为撤销之诉、义务之诉、一般给付之诉和确认之诉四种。参见［德］弗里德赫尔穆·胡芬：《行政诉讼法》，莫光华译，法律出版社2003年版，第408~471页。

② 参见吴庚、张文郁：《行政争讼法论》，我国台湾地区元照出版公司2016年版，第232页。

③ 参见［英］L.赖维勒·布朗、［英］约翰·S.贝尔：《法国行政法》（第五版），高秦伟、王错译，中国人民大学出版社2006年版，第169页。

一切内容，即可以涵盖针对原行政行为的撤销诉讼或者确认诉讼的内容。比如，原告起诉要求被告作出准予许可决定或者兑现行政奖励承诺，如果被告此前曾作出决定，对原告提出的行政许可申请或者行政奖励请求予以拒绝，则诉讼中无论原告是否明确提出撤销上述决定或者确认违法的请求，法院均应进行合法性审查并作出相应处理，以维护法律统一性。也就是说，义务诉讼或者给付诉讼的审查内容常常包括而又不限于撤销诉讼或者确认诉讼的审查内容。

行政赔偿诉讼是给付诉讼的具体情形之一，但其审查内容通常不包括相关损益行政行为的合法性，这是其与一般给付诉讼存在的一个明显不同。笔者认为，这种不同只是由于一个行政赔偿争议被分为两个案件的实操设计所致，而非本质差别。由于行政诉讼法将以行政行为为诉讼标的的撤销诉讼或者确认诉讼等行为之诉确定为独立的案件类型，因此，无论当事人选择先就损益行政行为提起行为之诉，再就其遭受的损害提起赔偿之诉，还是一并提起行为之诉和赔偿之诉，法院通常都将行为之诉和赔偿之诉分立为两个案件。在赔偿之诉的案件中，法院之所以不审查相关行政行为的合法性，并不是因为不能审查，而是因为行为之诉的案件中已经审查而不必再作审查。事实上，法院有时会将行为之诉和赔偿之诉合立一个案件，在这些案件中，对损益行政行为的合法性进行审查就是顺理成章的事情，因为损益行政行为违法是行政赔偿责任构成要件之一，故在赔偿之诉中审查损益行政行为的合法性，在理论上并无障碍。至于此类案件到底属于附带解决赔偿问题的行为之诉，还是属于包含行政行为合法性审查内容的赔偿之诉，只有名义上的差别，内容上并无本质的不同。两案合一的客观结果是，这个合成的案件与一般给付诉讼的内容完全相同。本案中，针对某银行提交的撤销黄埔工商分局没收涉案羊毛的决定，以及索要涉案羊毛拍卖款的诉讼请求，法院没有将其分为两个案件，而是合为一个案件进行审理。此时，该案应被定性为包含损益行政行为合法性审查内容的一般给付诉讼。法院不仅要审查追索涉案羊毛拍卖款之赔偿请求的理由具备性，也应审查没收涉案羊毛决定的合法性。

（二）诉讼类型与判断基准时

行政行为作出后，直到法院作出生效判决之前，其事实基础和法律依据都可能发生重要变化。但是，"对某个行政决定之合法性与违法性的评判，总是一种以某一时点为准的'抓拍式'行为"。[1] 审查行政行为的合法性或者原告诉求的理由具备性，关键就在于确定事实认定和法律适用的时点。

撤销诉讼是形成之诉，以被诉行政行为为诉讼标的。按照以事实为根据、以法律为准绳的原则，审查行政行为合法性，一般应以行政行为作出时的在案证据认定事实，并适用当时有效的法律规范作出判断。即撤销诉讼以行政行为作出之时作为

---

[1] 参见［德］弗里德赫尔穆·胡芬：《行政诉讼法》，莫光华译，法律出版社2003年版，第399页。

裁判基准时。义务诉讼和给付诉讼中,诉讼标的并不是拒绝特定作为或者拒绝给付的行政行为,而是原告请求的作为义务或者财产给付的条件是否成就,故其判断基准时可以延至庭审之时。确认诉讼分两种情况:一是确认无效或者违法,其诉讼标的与撤销诉讼相同,都是被诉行政行为,故确认无效或者违法的判断基准时应为行政行为作出之时;二是一般确认诉讼与义务诉讼和给付诉讼类似,其诉讼标的是行政法律关系存在与否的确认请求,判断基准时可延至庭审之时。

本案是给付诉讼,其审查内容具有二重性,既包括将涉案羊毛视为无主财产的行政处理决定的合法性,也包括黄埔工商分局是否负有继续处理的义务以及某银行的给付请求的理由具备性。而上述两个内容的判断基准时是不同的。

首先,审查行政处理决定的合法性,应以行政处理决定作出时查明的事实和当时有效的法律规范作出判断依据。行政处理决定作出后,事实和法律状况都发生了变化。事后发现作为无主财产处理的涉案羊毛早已质押给银行,银行作为仓单持有人,具有与货物所有人相同的地位。这一发现使得行政处理决定原来的事实基础产生动摇。行政处理决定适用的《暂行规定》第61条规定,也在后来被废止,再审判决时该规定早已不具有可适用性。但是,再审判决按照基准时理论,认为不能用后来发现的事实以及后来法律规范的变化去简单否定被诉行政行为合法性。这也是行政法上案卷主义理论的基本要义。

其次，对给付请求以及与此相对的行政给付或者作为义务的审查，则通常应以庭审之时为判断基准时。据此，行政机关即使事后发现行政处理决定的事实基础存在重大瑕疵，导致行政行为结果错误，只要该错误仍给当事人合法权益造成损失，即有继续处理之义务。只要行政机关在庭审之时仍然没有履行继续处理义务，法院即可对此进行审查并作出裁判。

（三）赔偿条件不成熟与诉讼类型的自动转换

赔偿条件不成熟，通常可以判决驳回赔偿请求。但是本案的情况更为复杂：黄埔工商分局因被诉行政行为基础事实错误，而负有对涉案被扣羊毛进一步作出处理的义务，由于该处理事关被扣羊毛是否为走私物的认定（如为走私物则其赔偿请求不能成立），导致本案审判阶段赔偿请求是否成立无法判断。也就是说，本案赔偿条件不成熟系因行政机关不履行特定义务所致，此时应当如何处理呢？笔者认为，从实质解决行政争议的目的出发，法院不宜简单判决驳回诉讼请求，而应将诉讼类型自动转换为义务诉讼，即直接判决责令行政机关履行所负的特定义务。

行政赔偿诉讼属于给付诉讼，而给付诉讼与义务诉讼具有同质性。给付诉讼与义务诉讼的标的都是给付，前者给付的标的是行政行为之外的行为的给付（如信息公开）和财产的给付，后者给付的标的是行政行为。在民事诉讼中，财产的给付和行为的给付不做区分，均称给付诉讼。两种诉讼类型的相似性决定了两者之间可以相互备位，即在此种类型的诉讼条件不具备，但具备另一种诉讼类型的条件时，可以直接作出另一种诉讼类型的裁判。

本案中，截至再审判决作出之时，涉案羊毛是否属于走私物品的问题尚无定论，对于某银行向黄埔工商分局索要羊毛拍卖款的请求，法院简单地判决驳回不当，作出是否赔偿以及赔偿多少的判决时机也不成熟。此外，在被诉行政行为的基础事实已被证明错误的情况下，黄埔工商分局有继续处理的义务，而黄埔工商分局没有履行此义务恰恰是行政赔偿诉讼作出明确判决的条件不具备的原因。在此情况下，判决责令黄埔工商分局履行继续处理的义务，就是行政赔偿判决的最佳替代品。此时，诉讼类型由给付诉讼转化为义务诉讼，就如同撤销诉讼转化为确认无效的诉讼一样，可以自动转换，无须当事人请求。法院在对被告的义务作出判决时，应当尽可能明确。① 基于上述考虑，本案再审判决不仅判决黄埔工商分局作出处理，甚至明确要求黄埔工商分局，即使某些事项无权处理，亦应在确定的期限内交给有权处理的机关，切

---

① 赔偿诉讼作为完全管辖权之诉，法院原则上应当就是否应当赔偿以及赔偿多少作出判决，转化为义务诉讼的例外主要有两种情况：一是行政机关有继续处理的义务，而继续处理的结果则决定赔偿责任是否成立。本案就是这种情形。二是赔偿义务与行政处理义务存在竞合。这在违法强拆引起的行政赔偿案件中比较常见。被告既有赔偿义务，又有补偿义务，两种义务的标的同一。而补偿引起的行政案件，以行政机关作出补偿决定为前置条件。法院如果直接判决赔偿，就等于代替行政机关履行作出补偿决定的义务，显然过早地介入了行政事务。因此，很多案件的处理方式是判决被告依照补偿标准作出赔偿决定，实质上也是将给付判决转化为义务判决。

实推进本案争议真正得到解决。

综上，本案的诉讼类型应为给付诉讼转化而来的义务诉讼，其审查内容既包括被诉行政行为的合法性，也包括在被诉行政行为作出时合法，事后发现该行为不具备合法的基础且损害相对人合法权益时，行政机关是否负有继续处理的义务。评判被诉行政行为的合法性以该行为作出的时间基准时；确认行政机关是否负有继续处理义务的基准时则可延至庭审之时。原审法院将本案作为撤销诉讼，只是以被诉行政行为作出的时间为基准时，审查该行为的合法性，既遗漏了对行政机关履行后续义务情况的审查，也没有充分回应相对人的主要诉讼请求，司法审查的职责履行不到位。2014年《行政诉讼法》已经引入了诉讼类型化的思路，"其内在理念是，在司法能力允许的范围内，使行政纠纷得到尽可能彻底地解决"。[①] 本案恰为上述理念的落实提供了有力佐证。

[①] 参见李广宇、王振宇：《行政诉讼类型化：完善行政诉讼制度的新思路》，载《法律适用》2012年第2期。

五、"依照刑事诉讼法的明确授权实施的行为"之认定

【裁判要旨】

公安机关以刑事扣押之名采取的措施并非出自侦查犯罪案件之目的,而是为他人追讨债权的,不属于排除行政诉讼受案范围的"依照刑事诉讼法明确授权实施的行为"。此种行为的性质应被认定为可诉行政行为,属于行政诉讼的受案范围。

按照通常文义,流窜作案是跨域违法犯罪,强调的是人的流动转移,仅涉及财产的流动转移并不构成"流窜作案"。

【案号】

最高人民法院(2004)行终字第2号

【案情】

上诉人(一审被告):公安分局。

被上诉人(一审原告):甲公司。

被上诉人(一审原告):黄某。

甲公司总经理黄某与乙公司总经理陈某经人介绍相识。因黄某称其可提供马来西亚进口橡胶，陈某遂代表乙公司与甲公司签订橡胶购销合同，并约定了价格、付款方式和交货地点。乙公司向甲公司账户汇入信用保证金440万元，后因甲公司未能履行，双方协商撤销原合同，改为联营期货。陈某委托黄某将已付440万元中的200万元用作联营期货棕榈油保证金，并在期货市场抛出，黄某将其中200万元汇入期货公司后建立了期货账户。随后，期货公司在没有书面委托的情况下从该期货账户转100万元到黄某和另外两家公司的期货账户。甲公司在乙公司要求下返还了160万元，加上从期货账户取出的100万元，尚欠180万元。在乙公司追索下，甲公司两次作出还款承诺，均未兑现。乙公司即以黄某诈骗440万元为由向公安分局报案。公安分局以黄某涉嫌诈骗立案，作出收容审查决定，并以追缴赃款为由，扣押甲公司存入丙公司账户用作棕榈油贸易的信用保证金360.75万元，后将此款交给乙公司。同年，因有权机关认定黄某的行为不构成犯罪，应属经济纠纷，决定将该案由公安机关移送法院处理。据此，公安分局解除对黄某的收容审查。至此黄某被关押97天。

甲公司致函公安分局，要求退还强行划走的保证金，或将此款移送法院作财产保全，公安分局未作答复。甲公司向法院提起行政诉讼，请求判令公安分局返还强行划走的360.75万元。同时黄某向法院提起行政诉讼，请求判决撤销公安分局对黄某的收容审查决定，并判令公安分局赔偿损失。

【审判】

高院一审判决：撤销公安分局扣押甲公司360.75万元的具体行政行为，责令公安分局返还扣押的360.75万元给甲公司；撤销公安分局对黄某收容审查的决定，责令公安分局支付黄某被限制人身自由的赔偿金1755.7元。

公安分局不服，向最高人民法院提起上诉称，本案并非经济纠纷而是诈骗犯罪，黄某实施诈骗后，将款项转移到深圳市，系流窜作案，对黄某收容审查符合法定条件。被上诉人甲公司不具备请求归还360.75万元的诉讼主体资格，因为该公司未参加年检，被市工商局公告吊销营业执照，已无法人主体资格。请求撤销一审判决。

最高人民法院作出二审判决：维持原判，驳回上诉。主要理由如下：

第一，关于扣押财产行为的合法性及赔偿责任问题。公安机关具有行政管理和刑事侦查双重职能。本案中，公安分局扣押甲公司360.75万元款项后，迳将此款项给付乙公司，系动用行政职权为他人追讨债权，该行为的性质并不属于2000年《行诉解释》第1条第2款第2项规定的"依照刑事诉讼法明确授权实施的行为"，据此可以认定其作出的扣押行为并非刑事侦查中的扣押行为，而是1989年《行政诉讼法》

第 11 条第 2 项规定的扣押财产的行政强制措施，根据该条规定，甲公司就此扣押财产行为提起行政诉讼的，人民法院应当依法受理。现行法律规定没有授权公安机关动用行政职权为他人追讨债权，据此，公安分局为乙公司追讨债权的扣押行为缺乏法律授权，属于 1989 年《行政诉讼法》第 54 条第 2 项第 4 目规定的"超越职权"的违法行政行为，根据该规定应予撤销。

按照《国家赔偿法》有关规定，公安分局应当将其违法扣押的 360.75 万元款项返还给甲公司。考虑到公安分局本无权将扣押的款项交付乙公司，乙公司亦无从公安分局取得该被扣款项的权利，为了避免国有财产的损失，公安分局在承担行政赔偿责任的同时，应当向乙公司积极追讨其擅自交付该公司的被扣款项，乙公司亦有义务主动返还此款。关于乙公司与甲公司之间的债权债务纠纷问题，不属本案审查范围，双方当事人可以通过民事诉讼等合法途径另行解决。

公司取得企业法人资格后，只有经过依法注销才终止。甲公司被工商登记机关吊销营业执照，因此丧失了从事经营活动的行为能力，但并不意味着该公司终止，在公司依法进行清算和被注销登记之前，公司法人的主体资格仍然存在。其认为自己的合法权益受到侵害，有权以公司的名义提起诉讼。公安分局提出甲公司不具备诉讼主体资格的诉讼主义不能成立。

第二，关于收容审查的合法性及赔偿责任问题。根据

《国务院关于将强制劳动和收容审查两项措施统一于劳动教养的通知》第 2 条规定，收容审查的对象为有轻微违法犯罪行为又不讲真实姓名、住址、来历不明的人，或者有轻微违法犯罪行为又有流窜作案、多次作案、结伙作案嫌疑需要收容查清罪行的人。《公安部关于对收容审查范围问题的批复》将收容审查对象进一步解释为"一个前提，四种对象"，即在有轻微违法犯罪行为的前提下，包括四种对象：（1）不讲真实姓名、住址、来历不明的人；（2）有流窜作案嫌疑的人；（3）有多次作案嫌疑的人；（4）有结伙作案嫌疑的人。黄某作为甲公司的委托法人代表，明显不属于该批复所列的第 1 种情形，公安分局在一审中亦未提供充分的证据证明黄某属于批复所列的第 2~4 种情形。公安分局认为黄某骗取钱财后，将款项转移到深圳市系流窜作案缺乏法律依据。公安分局对流窜作案的理解不符合法律本意，系任意解释，其提出收容审查决定符合法定条件的上诉理由不能成立。公安分局对黄某作出收容审查决定不符合法定条件且超期收审，依法应予撤销。依据《国家赔偿法》规定，公安分局应当支付黄某被限制人身自由 97 天的赔偿金。

【评析】

如何认定"依照刑事诉讼法的明确授权实施的行为"，是本案所涉问题中最为突出的一个。

公安机关具有行政管理和刑事侦查双重职能，按照法律规定，行政管理引起的侵权纠纷通过行政诉讼和行政赔偿等途径解决，刑事侦查引起的侵权纠纷则通过刑事诉讼的配套救济机制和司法赔偿等途径解决。两种职能之间的界线通常是清晰的，但在刑事侦查领域仍然存在模糊地带，其中有些情形经仔细甄别应当归入行政管理职能。"有些行为从形式上看是刑事侦查行为，但实质上是行政行为，这类行为可以通过行政诉讼进行救济。这类案件特别是涉及侵占罪、合同诈骗罪时，不排除当事人可以通过行政诉讼途径进行救济。"[1]1991年《行诉解释》规定，公安、国家安全机关依照刑事诉讼法的明确授权实施的行为不属于行政诉讼受案范围。其含义是，依照刑事诉讼法明确授权实施的行为从属于刑事侦查职能，超出刑事诉讼法明确授权实施的行为从属于行政管理职能，后者属于行政诉讼的受案范围。实践中，超出刑事诉讼法明确授权通常体现为以刑事侦查为名插手经济纠纷。

以刑事侦查为名插手经济纠纷，一旦认定即明确了其属于行政诉讼的受案范围，同时也可在实体上认定其超越职权，构成违法。较为困难之处在于认定标准。目前来看，有目的说、手续说、行为种类说和案件性质说、法律授权说等从不同角度提出的标准。[2]笔者认为，各种标准都有其合理性，也

---

[1] 参见江必新：《行政审判中的立案问题研究》，载《法律适用》2018年第3期。
[2] 参见夏金铭：《公安机关刑事侦查行为与治安行政行为的界定》，载《学术前沿》2016年第12期。

有其局限性,但以刑事侦查为名插手经济纠纷强调的首要因素是目的,手续、行为种类、案件性质和明显超出刑事诉讼法授权,都是用来印证被诉行为的目的是插手经济纠纷,而不是侦查犯罪案件。

实践中,确认行政行为的真正目的是非常困难的,因为直接证据难以取得,只能通过行为外观作出判断。此种判断通常需要结合多方面的外观表现,进行综合分析才能得出可靠的结论。以本案为例,从公安分局的行为外观看,可以发现两个问题:一是对扣押的款项没有依法移交处理,而是直接交给了乙公司。二是乙公司报案的事项,最终被认定为民事纠纷,不构成刑事案件。两个问题单独看,都难以认定公安机关插手经济纠纷,但结合起来就可以认定。公安分局将扣押款项直接交给报案的受害人乙公司,的确可以令人怀疑其目的是为他人讨债,但刑事诉讼法授权公安机关返还受害人财产[①]的规定,又使得判断只能停留在怀疑层面。而结合乙公司报案的事项被认定为民事纠纷这一事实,上述怀疑就可以升格为确认。

本案还涉及如何解释"流窜作案"的问题。

被告对原告黄某采取收容审查的主要理由之一是,黄某将骗取的款项从湖南省转移到深圳市,构成流窜作案。这是一个法律解释问题。被告对流窜作案的解释是否正确,首先

[①] 1996年《刑事诉讼法》第198条第1款规定:"公安机关、检察机关和人民法院……对被害人的合法财产,应当及时返还。"

用文义解释方法来检验。根据现代汉语大词典,流窜的文义是"到处流动转移""乱逃"。显然"流窜"的主体是人,而不是物。当然,法律解释尤其是涉及有争议的问题,望文生义是不够的,慎重起见最好能从其他方面进一步印证。《公安部、最高人民法院、最高人民检察院、司法部关于办理流窜犯罪案件中一些问题的意见的通知》对流窜所作的解释如下:"凡构成犯罪且符合下列条件之一的,属于流窜犯罪分子:1.跨市、县管辖范围连续作案的;2.在居住地作案后,逃跑到外省、市、县连续作案的。"由此规定看,流窜作案是跨域犯罪,同样指的是人的流动转移,故可以确信本案的公安机关对流窜作案的理解是错误的任意解释。

六、行政自我拘束原则的适用

【裁判要旨】

实践中反复适用的行政惯例,实际作用已接近于法规范。其作为一种通行做法,在与法律条文无明显冲突和抵触的前提下,约束力往往强于一般的行政行为。这种约束力不但约束行政相对人,同时也约束形成该惯例的行政机关。

【案号】

最高人民法院(2008)行提字第 1 号

【案情】

再审申请人(一审原告,二审被上诉人):陈某。

再审被申请人(一审被告,二审上诉人):市工商局。

再审被申请人(一审第三人,二审上诉人):何某。

陈某原系某房地产开发有限责任公司法定代表人。由于超期对营业执照申请年检,被市工商局罚款 500 元。陈某遂签署公司变更申请书,除将营业期限延期 1 年之外,其余登记事项皆标"同"字。期间陈某就公司的湘江大厦工程项目,与何某签订联营合同书，约定：何某投资300万元至500万元人民币，出任公司的法定代表人兼总经理；陈某以湘江大厦开发项目作为投入，出任副总经理、总工程师。之后陈某签署委托书："兹委托何某为我司法定代表人，行使公司的法人权力。原本公司的债权债务由原法定代表人陈某承担，与何某无关。"何某按照联营合同约定，支付20万元转账支票给陈某。陈某出具了收条。关于该款的性质，联营合同书载明其为"乙方（陈某）的公司开办以来至今的一次性补偿转让费"。市工商局认为其系出资转让，但陈某予以否认。

期间，何某向某公司支付70余万元，用于缴纳湘江大厦土地出让金等费用。何某提出，出资转让协议内容为：法定代表人由何某担任；原股东陈某和陈某之女陈某某将名下股份全部让与何某、佘某；何某、佘某自行向工商部门申请变更登记。该协议主文及原股东陈某和陈某之女的签字为复印件。陈某和陈某之女一直不承认其签订过该协议。原审期间，何某向法院提交了省公安厅和西南政法大学分别对该复印件的鉴定书，鉴定结论为：协议书上"陈某""陈某某"签名均为陈某笔体，不是从其他地方剪贴到复印件上的。

之后，何某对陈某签署的申请书作了涂改，将法定代表人由陈某改为何某，股东由陈某和陈某之女改为何某和佘某。何某作上述涂改时，向市工商局提交了联营合同、联营兼并协议、委托书、出资转让协议复印件、陈某签署的收条、第一次新股东会议决议、公司章程修改决议、共同出资购买协议书、接管公司的债权债务文件等材料。

市工商局办理了某公司法定代表人及股东的变更登记手续，并将变更后的营业执照及法定代表人证明书发给了何某。陈某向市工商局提出书面申请，请求注销新企业营业执照及何某的法定代表人证明书，恢复原企业营业执照和陈某的法定代表人证明书。市工商局不予答复。陈某遂提起行政诉讼。

【审判】

市中院一审以被告市工商局未进行认真审查，以何某所提供的出资转让协议复印件和改动的变更登记申请表为据对企业法定代表人和股东进行变更，被诉行政行为所依据的事实不真实，亦不符合法律规定的变更登记程序为由，判决撤销被诉行政行为，发还某公司《企业法人营业执照》正、副本及《企业法定代表人证明书》。市工商局、何某不服一审判决，提出上诉。

省高院二审认为，虽然市工商局在审查变更申请书时，对改动部分未说明，存在一定的瑕疵，但是并不能否定被诉行政行为的合法性。原审判决认定事实清楚，但适用法律不当。根据2000年《行诉解释》第57条第1款规定，人民法院认为被诉具体行政行为合法，但不适宜判决维持或驳回诉讼请求的，可以作出确认其合法有效的判决。据此判决：一、撤销一审行政判决；二、市工商局变更登记行为合法有效。陈某不服，向省高院申请再审。其后，省高院再审本案，但最终判决结果为维持二审行政判决。

陈某不服，向最高人民法院申请再审称：变更登记申请书并非本人签署，申请书封面公司名称提示处未加盖法人公章。主要申请材料出资转让协议为复印件，系何某伪造，不符合申请表下附敬告栏关于"申请人提交的文件、证件应当是原件，确有特殊情况不能提交原件的，应当提交加盖公章的文件、复印件"的要求。请求最高人民法院撤销原再审判决、二审判决及市工商局作出的变更登记行为。

市工商局答辩称：变更何某为某公司法定代表人是陈某当时的真实意愿。而申请表敬告栏系针对申请人提出的要求，对登记机关并无法律约束力。故该局已尽审慎审查义务，被诉变更登记符合相关法律、法规规定，合法有效。

最高人民法院再审判决撤销省高院再审行政判决书和二审行政判决书，维持市中院一审行政判决书。理由如下：

根据《公司登记管理条例》第24条第1款第1项规定，申请公司变更登记应当提交公司法定代表人签署的变更登记申请书；《企业法人法定代表人登记管理规定》第6条规定，变更法定代表人时，变更登记申请书应当由原法定代表人签署。本案某公司原法定代表人陈某签署的变更登记申请书，请求事项仅为延长经营期限。其后，何某申请变更登记时，直接对陈某签署的变更登记申请书进行改动，将法定代表人由陈某变为何某，股东由陈某、陈某某变为何某、余某，以上两处改动均非出于陈某本意，故不应认定陈某签署了该变更登记申请书。市工商局作出变更法定代表人的登记行为，不符合公司登记的法定要件，属于违反法定程序。该局提出变更登记申请书系陈某签署、法定代表人和股东变更系出自陈某本意，但未提供足够证据证明，法院不予支持。原二审判决、再审判决认为变更登记申请书系陈某亲笔签署、何某对申请书的改动仅系瑕疵，属于认定事实不清。

本案股东变更登记基于公司股权转让，故申请材料中应当包括股权转让的证明文件。何某向登记机关提交了联营合同、联营兼并协议、出资转让协议和收条，用以证明原股东陈某、陈某某将其股权全部转让给何某、佘某。经查，联营合同和联营兼并协议并未提及股权转让事宜，不能作为股权转让的证明。出资转让协议虽载有股权转让内容，但系复印件，且对方当事人陈某一直予以否认，又无原件可供印证，其真实性、有效性明显存疑，不符合申请表敬告栏关于"提交文件应当是原件"等要求，亦不能作为股权转让的证明。陈某给何某出具的收条，可证明陈某收到何某20万元，但不能证明该款系出资转让费用。在此情况下，市工商局既未要求何某补交证明股权转让的文件，亦未向陈某、陈某某核实，即作出准予股东变更登记的行为，构成主要证据不足、违反法定程序。何某于二审中提交了省公安厅和西南政法大学出具的鉴定报告，试图证明出资转让协议的真实性。出资转让涉及重大民事权益的变更，相应的证据必须具有高度证明力，而鉴定机构对出资转让协议复印件所做的鉴定，其证明力不够充分。原二审判决、再审判决对上述两份鉴定报告未予采信正确，但在市工商局未能提供股权转让证明的情况下，仍然判决确认变更登记行为合法有效是错误的，亦属认定事实不清。

【评析】

工商登记申请材料能否提交复印件的问题，过去在法律规范的层面上并无规定，本案即是发生在这个阶段。国家工商总局在其监制的制式申请表上的敬告栏中提出如下要求："作为申请材料的文件原则上应为原件，确实无法提交原件的，可以提交加盖公章予以认可的复印件。"生效判决将其作为评判依据表明，该要求不仅约束申请人，对行政机关也有一定约束力。其背后的法理是行政自我拘束原则。

行政自我拘束原则指的是，行政机关在作出行政行为时，在相同或者相似情况下，应当受到先例的约束。所谓先例是指，行政上同样或者相似的事项，经过长期的、一般的、持续且反复的施行，即可认为已成为行政上措施的通例。[①] 先例的载体主要是在先作出的行政行为，也包括体现通行做法的行政批复等载体。

在先作出的行政行为作为先例，其约束力通常较弱，但

---

① 参见林国彬：《论行政自我拘束原则》，载城仲模编：《行政法之一般法律原则（一）》，我国台湾地区三民书局1999年版，第249页。

随着行政行为的数量和占比的增加也会不断增强。工商登记申请表系由国家工商总局监制，其表下所附"敬告"对申请人提出的要求，在实践中反复适用，可以归类为通行做法，其约束力强于一般行政行为，实际作用已接近于法律规范。这种类似于法律规范的强约束力不仅针对相对人是如此，对行政机关也是如此。否则，同样的情况，工商机关就可以对此申请人提交的复印件予以拒绝，对彼申请人提交的复印件则予以接受，导致同样的情况不同的结果。这显然是不符合法治要求的。

从敬告栏的文义看，其揭示了如下规则：申请登记的材料以提交原件为原则，提交复印件为例外。该规则显然属于裁量性规则，而非羁束性规则。裁量性规则可分为方向确定的裁量和方向不确定的裁量。[①] 方向确定的裁量是指可以选择的诸多方案存在主次或者先后之分，通常情况下都应当选择其中某种特定方案，出现特殊情况才可以选择其他方案。方向不确定的裁量是指可以选择的诸多方案并无主次或者先后之分，各种方案的被选机会是均等的。方向确定的裁量的选择空间较小，而方向不确定的裁量的选择空间则较大。

本案所涉敬告栏的规则属于方向确定的裁量。行政机关接受的申请材料如果是原件，则属于该规定适用的通常情况，

[①] 笔者受德国学者对行政裁量所作"羁束裁量"与"自由裁量"之分类的启发，提出这一分类。参见［德］平特纳：《德国普通行政法》，朱林译，中国政法大学出版社1999年版，第63页。

不需要说明理由；如果接受的申请材料是复印件，则需要说明理由。说明理由时，尤其要说清楚是什么特殊原因导致不能交原件的；如果特殊原因指向的特定事实不属于司法认知的范围，还应当提供相应的证据来证明特殊原因的存在。就本案情况来看，何某申请登记的内容是将陈某的股权转让给自己。鉴于股权转让属于重大的权利变动，故直接用以证明该权利变动的转让协议与其他申请材料相比，提交原件的必要性就更为突出。本案中，申请人并未就不能提供原件的特殊原因作出说明，在此情况下，登记机关依法应当拒绝办理。退一步讲，即使申请人就不能提交原件的特殊原因作出说明，登记机关亦应特别谨慎，不可轻易降低标准。综上，本案再审被申请人何某申请登记时提交的股权转让协议不是原件，而且提交复印件时又没有说明理由，不符合登记申请表下敬告栏提出的要求，不能证明转让股权系出自陈某的真实意思。这是再审判决撤销被诉股权转让登记的根本原因。

至于何某在诉讼中向法院提交的试图证明股权转让协议复印件上陈某签名为真的鉴定意见，且不论其技术上是否具备可靠性，在程序上，何某只有在不提供原件有正当理由时，才可以申请鉴定并提供鉴定意见。本案中，何某不提供原件并无正当理由，在此情况下，对复印件进行鉴定并无必要。原一、二审和再审法院对何某提交的鉴定意见均未采信，于法有据。

七、禁止不利变更原则的适用

【裁判要旨】

原行政处罚决定如果不存在裁量明显失当的情形，且已经执行完毕的，行政机关就应当恪守法安定性和信赖保护原则的要求，一般不得作出不利于行政相对人的改变。

【案号】

最高人民法院（2014）行提字第14号

【案情】

再审申请人（一审原告、二审上诉人）：某公司。

再审被申请人（一审被告、二审被上诉人）：市工商局。

经市工商局注册，许某等人出资100万元成立了某公司，许某为法定代表人。许某提交变更登记申请，并提供900万元实物增资证明文件，将注册资金增加为1000万元，市工商局为该公司进行了变更登记。之后市工商局接到举报，反映某公司在变更登记申请中存在欺骗行为。市工商局经立案调查，发现某公司用作实物增资的运营车辆，所有购车发票均系伪造，构成虚报注册资本。市工商局作出第一个处理决定（以下简称决定一）：（1）责令改正，限某公司在3个月内补足注册资本；（2）对某公司罚款45万元。某公司于收到决定一的当日缴纳了45万元罚款，并在规定期限内补齐了900万元注册资本，市工商局也在补齐的当日为其换发了营业执照。

市政府召开会议，专题研究某公司虚报注册资本问题并形成会议纪要。纪要认为，决定一处理畸轻，责成市工商局重新调查处理。其后，市工商局启动执法监督程序，对决定一的案卷进行书面审查后，作出第二个处理决定（以下简称决定二）：吊销某公司根据决定一获颁的营业执照。主要理由是：某公司虽及时缴纳罚款并积极改正，增加注册资本进行了变更登记，但其虚报注册资本数额较大，违法情节严重，原处罚种类、幅度过轻，应从重处罚。

某公司不服，向自治区工商局提起行政复议。行政复议期间，市公安局对某公司法定代表人许某涉嫌犯罪进行立案侦查，其后检察机关以许某的行为构成虚报注册资本罪，但以犯罪情节轻微为由，决定对许某不起诉。其后，自治区工商局作出行政复议决定，维持市工商局决定二。某公司不服，提起行政诉讼，请求依法撤销市工商局决定二和自治区工商局作出的行政复议决定。

一审法院经审理查明：（1）某公司实物增资的车辆发票均为造假，但发票记载的车辆超过2/3实际存在并用于经营。（2）某公司从设立登记至本案诉讼的十年间，每年按时纳税，并且随着经营规模的扩大,纳税额不断增加。(3)某公司没有因其他违法行为被处罚处理的记录。

【审判】

一审法院以某公司虚报注册资本数量达到900万元,构成情节严重等为由,判决维持市工商局决定二。某公司不服,提起上诉。高院二审判决驳回上诉,维持原判。

某公司不服,向最高人民法院申请再审称:第一,决定一所作处罚符合1996年《行政处罚法》第4条、第27条规定,罚当其过。而市政府以会议纪要形式,要求市工商局撤销决定一和变更登记,吊销该公司营业执照,并要求将该公司法定代表人许某定性为虚报注册资本罪,系以权压法。市工商局依据上述会议纪要作出决定二,构成滥用职权。第二,决定二适用法律错误。决定一已经根据1996年《行政处罚法》第23条规定责令当事人改正,且再审申请人已经改正,并重新办理了变更登记,但再审被申请人无视上述规定,撤销了已改正的变更登记,适用法律错误。同时与2005年《公司注册资本登记管理规定》第27条"撤销变更登记涉及公司注册资本及股东或者发起人出资额和出资方式变动的,恢复公司该次登记前的登记状态"的规定相违,即便撤销已改正出资的变更登记,也应恢复该公司变更登记前100万元的登记状态,岂能连同设立登记时100万元的注册资本一并撤销。第三,决定二认定虚报注册资本定性错误。《公司法》和《公司登记管理条例》所指"虚报注册资本",均是指"虚报注册资本,取得公司登记"的行为,只能发生在申请设立登记前至登记注册完成阶段,再审被申请人定性错误。据此请求撤销原审判决和决定二。

再审被申请人市工商局辩称:第一,决定二依据了证明某公司虚报注册资本违法行为的全部证据、对案件事实的重新复查、市公安局的建议函件、市政府作出的会议纪要和相关的法律法规,并不是没有事实依据、没有证据。第二,该局作出决定二的起因,是基于对决定一的纠错而作出,引用的法律法规均是有关纠错的法律依据,并不存在适用法律错误的问题。撤销决定一的同时撤销变更登记的原因,是该变更登记源自决定一要求的"责令改正",决定一既然被全部撤销,就不存在责令改正问题。而该局重新进行处罚又拟选择的是从重处罚措施,按公司法和公司登记法规规定,从重处罚措施中并没有责令改正措施,故只能将已经办结的变更登记同时撤销。第三,从公司法调整范畴看,虚报注册资本的目的是骗取公司登记,即欺骗公司登记机关,而虚假出资的目的是吸引其他发起人或股东的投资,即欺骗的是其他发起人或股东。公司登记不仅指设立登记,还包括变更登记和注销登记,再审申请人认为只有设立登记时才存在虚报注册资本的情况,是对公司注册登记概念和内容的曲解。该局对虚报注册资本定性无误。第四,该局在作出决定二后,送达给了某公司委托的单位会计进行了签收。某公司在法律规定的期限内申请了行政复议并提起了行政诉讼,其程序权利并没有受到侵犯,故不存在程序违法的情况。

最高人民法院认为,本案主要涉及以下三个焦点问题:

第一,关于某公司违法行为的定性问题。市工商局在一、二审中提供的证据能够证明,某公司在增资过程中以涂改、伪造的购车发票和会计资料获取验资报告,获得公司变更登记,构成2005年《公司法》第199条和2005年《公司登记管理条例》第68条规定的"虚报注册资本,取得公司登记"的违法行为。某公司虽然试图证明其在增资过程中提供了用于增资的实物,但不足以改变对其违法性质的认定,只宜作为处理当中的酌定情节。结合法律文义及有关工商行政管理实践,上述规定中的"虚报注册资本"不仅适用于公司初始登记,也适用于增加注册资本的公司变更登记。某公司以"虚报注册资本"只适用于公司初始登记阶段为由,提出其行为并不构成"虚报注册资本,取得公司登记"的主张不能成立,不予支持。

第二,关于某公司的违法程度问题。市工商局在就某公司"虚报注册资本"的违法程度作出判断时,至少应当综合权衡以下两个具体情节:一是违法数额;二是社会危害性。

如果单独考虑违法数额,则某公司虚报部分的注册资本为900万元,数额较大且在注册资本中占比高达90%,按照有关规定,认定某公司"虚报注册资本,情节严重",似并无不妥。而如果单独考虑社会危害性,即仅考虑某公司责任能力的不足是否产生了损害后果以及损害后果的大小,是否造成了他人利益或者公共利益严重受损,则从本案情况看,某公司无论自成立以来还是自变更登记以来,除虚报注册资本外,并无其他违法记录,且其未因责任能力不足而影响纳税等法定义务的履行,亦未因此使其他市场主体的利益受损。依照工商总局有关规定关于"违法行为社会危害性较小或者尚未产生社会危害后果"应当从轻处理之规定,认定某公司"虚报注册资本"尚不构成"情节严重",似亦于法有据。上述两个情节相互冲突,重要性彼此相当。对此,市工商局在首次判断中具有较大的裁量空间,无论强调违法数额之重而认为某公司违法构成"情节严重",还是强调社会危害性之轻而认为某公司的行为系一般违法,均在合理范围之内。

第三,决定二的合法性问题。行政机关基于裁量权作出的行政行为只要在合理范围内,按照法安定性和信赖保护原则的要求,就不得轻易改变,尤其是不得作出不利于相对人的改变。否则改变后的行政行为构成滥用职权或者明显不当。在决定二中,市工商局所作某公司虚报注册资本系一般违法之认定,综合权衡了违法数额和社会危害性等因素,裁量基本合理,法院予以认可。检察机关的不起诉决定书中虽有某公司法定代表人许某已构成虚报注册资本罪的内容,但同时亦有"犯罪情节轻微"之认定,不能据此认定某公司虚报注册资本的行为构成2005年《公司法》第199条规定的"情节严重",何况该决定书在定罪方面并不具有司法终局的效力。

故市工商局主张只要不起诉决定书认定该公司法定代表人构成犯罪即表明该公司的违法行为情节严重的抗辩理由难以成立，不予支持。决定一根据2005年《公司法》第199条之规定，责令某公司改正并罚款45万元，于法有据。在决定一送达生效后，某公司立即按要求补齐了注册资本，并足额缴纳了罚款。针对此种情形，市工商局此后所作的决定二，只强调违法数额，不考虑社会危害性较小之情节，认为某公司虚报注册资本构成"情节严重"，决定一处理畸轻，显然有失偏颇。决定二不考虑决定一的合法性、合理性要素，且某公司已主动履行了相关义务等事实，出尔反尔、反复无常，撤销了决定一，代之以更为不利于某公司的处理方式，即撤销增加注册资本的变更登记，不仅违反信赖保护原则，亦不利于维护法律的安定性以及行政管理秩序的稳定性，被诉行政行为构成权力滥用、存在明显不当。虽然市政府对市工商局作出的行政处罚有权监督，但这种监督权亦应受到法律约束。本案中，市政府的会议纪要虽有责成市工商局撤销决定一并吊销某公司营业执照的内容，但该内容本身亦存在明显不当，不能作为决定二的权源基础。市工商局以其奉命行事为由否认决定二违法之理由不能成立，法院不予支持。另外，在市工商局作出被诉行政行为及其后诉讼过程中，某公司多次强调其曾投入实物作为公司注册资本，该事实主张关系到某公司虚报数额大小之认定，双方对此存有争议。而从现有案卷材料及市工商局之抗辩理由看，该局并未对此进行充分深入的查证，更多强调票据本身造假，这在一定程度上亦造成被诉行政行为的证据不够充分。

综上，市工商局作出的决定二，存在行使职权的随意性与明显不当，且主要证据不足。某公司请求判决撤销于法有据，应予支持。一审判决维持决定二，属于认定事实不清、适用法律错误，应予纠正。二审判决驳回上诉、维持原判错误，亦应纠正。据此判决撤销二审判决、一审判决和决定二。

【评析】

行政机关作出行政处罚决定后，能否以原决定畸轻为由将其撤销，并以更重的行政处理决定取而代之？本案再审判决提出如下裁判观点：原行政处罚决定如果没有裁量明显失当的情形，且已执行完毕的，就应当恪守法安定性和信赖保护原则的要求，行政机关不宜再作对相对人更为不利的变更。是为禁止不利变更原则之适用。

第一，禁止不利变更原则的理论渊源和基本要求。禁止不利变更作为行政法上的一般原则，其理论渊源主要有以下两点。

一是法律优先原则与法安定性原则之间的平衡。法律优先原则强调宪法和法律的优先地位，行政行为必须依法作出。行政行为如果违法就应当予以撤销或者变更，而撤销或者变更该行为不仅可由法院、上级行政机关通过法定程序作出，也可由作出该行为的行政机关通过自我纠正程序作出。

法安定性具有两层含义：其一，"籍由法律所达成的安定性"；其二，是"法律本身的安定性"。前者是指通过法律的规范功能，维持社会秩序的安定状态。后者是指法律本身的安定状态之维持。[①] 笔者认为，"法律本身的安定性"是法安定性原则的内核。其主要规范立法者，要求所立之法要尽可能明确、具体、连续、稳定，因为只有法律本身安定，其调整的社会秩序才能安定。"籍由法律达成的安定性"是法安定性原则的内核在法律生活中的贯彻和延续。其主要规范司法和行政，基本要求集中体现在司法行为和行政行为效力理论当中。就行政行为而言，包括公定力、拘束力和执行力。其中拘束力的要求具有双面性。一方面，拘束力作用于当事人。当事人即使不服，在该行为被依法撤销或者废止失去效力之前，也必须遵从，不得与之对抗；不仅如此，如果在法定期限内没有通过复议、诉讼等法律途径主张救济，则不得再行挑战该行为。另一方面，拘束力也作用于行政机关。行政机关在行政行为依法作出后，原则上也禁止任意撤销、变更。

对于行政行为，法律优先原则的要求是有错就改，法安定性原则的要求是禁止任意变更。两者之间存在张力，其平衡之点就是行政行为违法就可以改，但没有违法或者不存在明显瑕疵的，则通常情况下不能改。

二是信赖利益的保护。信赖利益保护原则通常不适用于

[①] 参见邵曼璠：《论公法上之法安定性》，载城仲模编：《行政法之一般法律原则（二）》，我国台湾地区三民书局1999年版，第273页。

不利处分。[1]因为不利处分不利于相对人，相对人对负担处分自然也谈不上有什么信赖利益。而撤销、废止负担处分这样的变更，又消除或者部分消除了负担处分给相对人造成的不利后果，相对人当然也没有质疑此种变更的动机。但是撤销原不利处分，代之以对相对人更为不利的处分，则两害相权取其轻，原不利处分反而对相对人显得更为有利。这种情况下，需要斟酌是否有信赖保护的问题。[2]

一般认为，至少应当符合以下三个条件才可提供信赖保护：其一，信赖基础。即行政行为具有有效意思表示的"法的外貌"，无效行政行为不具备信赖基础。其二，信赖表现。相对人因信赖而展开具体的行为。其三，信赖值得保护。强调信赖的正当性，即相对人对行政行为或者相关法律状态深信不疑，对信赖基础的成立为善意且无过失。以恶意欺诈或者重大过失促成行政行为者，其信赖不值得保护。[3]

法律优先原则与法安定性原则兼顾的结果只是禁止变更，而不考虑变更后的状态对相对人是更为有利，还是更为不利。信赖保护原则在此基础上，将禁止变更的情形进一步限制在

---

[1] "负担行政行为的撤销……行政机关很难引用"信赖保护"，而只能以法的安定性为由维护行政行为的存续。"参见[德]哈特穆特·毛雷尔：《行政法学总论》，高家伟译，法律出版社2000年版，第296页。笔者认为，这是一般情况，而不利变更就是可能有信赖保护原则适用余地的特殊情况。

[2] 参见吴坤城：《公法上信赖保护原则初探》，载城仲模编：《行政法之一般法律原则（二）》，我国台湾地区三民书局1999年版，第253~254页。

[3] 参见吴坤城：《公法上信赖保护原则初探》，载城仲模编：《行政法之一般法律原则（二）》，我国台湾地区三民书局1999年版，第240~241页。

变更后的状态对相对人不利的情形。这就是禁止不利变更原则的由来。①

结合前述,行政法上的禁止不利变更原则主要有三点要求:其一,原不利处分合法或者裁量并无失当之处。其二,相对人已经履行了原不利处分赋予的义务。其三,相对人对原不利处分的作出没有过错。

第二,本案应当适用禁止不利变更原则。

一是决定一的裁量没有明显失当。决定一认为,某公司的行为属于虚报注册资本的一般违法情形。决定二认为,某公司虚报注册资本已经达到严重违法的程度,决定一处罚畸轻。违法情形到底属于一般违法还是严重违法,是一个裁量问题。行政机关在行使处罚裁量权时,应当综合、全面地考虑案件的主体、客体、主观、客观等具体情况进行裁量,不能偏执一端,片面考虑某一情节。在本案中,如果单独考虑违法数额,某公司虚报部分的注册资本为 900 万元,数额较大且在注册资本中占比高达 90%,按照有关规定,可以认定某公司"虚报注册资本,情节严重";如果单独考虑社会危害性,某公司的虚报注册资本行为并未影响其纳税等法定义务的履行,亦未因此使其他市场主体的利益受损,可以认定

---

① 法安定性强调法律状态的安定性与和平性,是一个客观的标准。信赖保护强调的是对私人信赖利益和信赖状态的保护,是一个主观的标准。法安定性原则适用的结果可能对私人有利,也可能对其不利。而信赖保护原则适用的结果则对私人有利。参见李洪雷:《面向新时代的行政法基本原理》,载《安徽大学学报(哲学社会科学版)》2020 年第 3 期。

某公司"虚报注册资本"尚不构成"情节严重"。至于两种因素考虑的权重,哪个多一些或者少一些,均在合理范围之内。因此,在市工商局首次对某公司的违法程度进行认定时,"尚不构成情节严重"属于市工商局裁量的范畴之内,并不构成裁量逾越或者裁量滥用等违法情形。

二是某公司已经按照决定一的要求履行了全部义务。某公司履行决定一赋予的全部义务,有两个效果。其一,相对人按照行政决定的要求履行所有义务后,即有理由相信自己不会再因此受到不利处分,并可以规划自己未来的生活和事业。其二,行政行为已经执行完毕,就意味着该行为的结果已经成为社会秩序的一部分,该行为所调整的相关法律关系已经稳定。上述两种安定的局面,无论从公法秩序构建角度,还是个人利益保护角度,均不应轻易打破。否则,行政机关在这种情况下,仍可随意撤销不利处分并代之以对相对人更加不利的行政行为,则不仅使相对人处于惶惶不可终日的状态,而且会挫伤人民对法律稳定性和连续性的信任。

三是某公司对于决定一的作出并无过错。决定一是裁量的结果,在裁量过程中,某公司并未采取恶意欺诈等不正当手段影响裁量结果。现有证据不足以否认其对决定一的信赖系出自善意。

八、情势变更原则在行政补偿中的适用

【裁判要旨】

行政机关在所许诺的政策补偿方式因客观情况发生变化而不能实现或者难以实现时,拒绝变通处理,相对人提起行政诉讼的,人民法院可以根据具体情况判决将补偿方式变更为金钱补偿。按照行政补偿损益相当原则,金钱补偿的数额应与政策补偿的价值基本相当。

【案号】

最高人民法院(2007)行终字第 3 号

【案情】

上诉人(一审原告):某公司。

被上诉人(一审被告):市政府。

市政府作出处理决定,收回某公司正在开发建设的国有土地使用权,将有关开发建设问题委托所属区政府处理。该公司不服,提起行政诉讼,请求撤销收回土地使用权的决定,并赔偿其投入损失 3000 余万元。

中院在审理中，根据协调双方达成一致的结果，向市政府发出司法建议。市政府根据司法建议，将160万元现金和价值240万元的房屋交付给某公司，同时作出了通知，以减免项目开发各种配套费用的方式对某公司予以补偿，数额为964.4万元。某公司接到通知后即申请撤诉。中院裁定：准许某公司撤诉。其后，由于某公司因资金缺乏被取消房地产开发资质等原因，市政府在通知中承诺的优惠项目没能落实。某公司遂向法院提起行政诉讼，请求法院撤销被告作出的通知，并判决被告赔偿其经济损失3010万元。

【审判】

高院一审认为，1995年《城市房地产管理法》第19条规定，国家对土地使用者依法取得的土地使用权，在出让合同约定的使用年限届满前不收回；在特殊情况下，根据社会公共利益的需要，可以依照法律程序提前收回，并根据土地使用者使用的实际年限和开发土地的实际情况给予相应的补偿。虽然我国尚无补偿方面的专门法律规定，但结合上述规定和司法实践，补偿应当是政府收回当事人土地的同时所给予的能够使当事人的利益损失得到实际弥补的补偿。本案中，市政府所给予的政策补偿因故不能落实，但该政府的补偿义务不能因此而免除。某公司的起诉书里请求撤销通知和赔偿3010万元的内容，与请求履行通知的内容不是完全对立的，前者包含后者。某公司的开发资质是否被取消与其应当得到的补偿之间没有法律上的联系。基于某公司已经认可了通知确定的补偿内容的事实，其赔偿经济损失3010万元的诉讼请求，法院不予支持；某公司称区政府只给了部分现金的主张不能成立，区政府应当协助某公司办理有关房产手续。有关房产手续的办理问题，某公司也可以另案解决。从审理和协调的情况看，通知中政策补偿的内容只存在执行或操作问题的主张与查明事实不符，故不予支持。市政府依法应当直接针对不能落实的政策补偿部分对某公司进行货币补偿，以体现法律的公平精神。根据1995年《城市房地产管理法》第19条和《行政诉讼法》第54条第3项的规定，判决市政府在接到本判决1个月内给付某公司土地补偿费946.87万元，逾期按同期银行利率计算。

某公司不服一审判决，提出上诉称：其前期投入的损失共计2647万元，经中院协调按照投资1/2数额补偿。一审判决市政府赔偿946.87万元无法弥补其实际损失，故请求改判市政府赔偿其3010万元，并由第三人承担连带责任。

市政府不服一审判决，提出上诉称：通知是司法调解行为，不具有可诉性，法院不应受理。一审法院对某公司提起的行政赔偿诉讼请求而作出行政补偿判决属于判非所诉，且一审判决认定通知中的政策补偿内容已不能进行的结论与事实不符。请求撤销一审判决，驳回某公司的起诉。

区政府答辩称：通知中关于优惠政策的承诺并非市政府的法定职责，而是民事行为，故本案属于民事案件，不具有行政诉讼的可诉性。某公司请求其承担连带责任没有事实根据和法律依据。请求撤销一审判决，驳回某公司的起诉。

最高人民法院二审认为，市政府就收回某公司土地产生的补偿问题作出通知，某公司不服提起行政诉讼的，属于行政诉讼的受案范围。市政府提出该通知不具有可诉性的理由不能成立；区政府提出通知系民事行为的理由亦不能成立。某公司接到市政府通知后即申请撤诉，中院裁定准予撤诉。其后，区政府按照通知要求交付了160万元现金和价值240万元的房屋，某公司亦予接受。可以确认，市政府作出的通知符合某公司的真实意思表示，亦未违反法律强制性规定。某公司对其合法性提出质疑，不予支持。关于某公司提出的其因房地产开发资质被取消而无法享受政策补偿的问题，最高人民法院认为，在争议双方履行通知的过程中，某公司因资金缺乏而被取消房地产开发资质，市政府在通知中许诺的房地产开发免收若干费用的优惠政策难以继续享受。对此，某公司和市政府均无过错。按照依法行政和合理行政的要求，市政府在其许诺的政策补偿因客观情况变化而无法实现时，应当变通处理，以便及时弥补某公司的经济损失。按照行政补偿损益相当原则，市政府在通知中许诺的政策补偿，在法律上应当视为与某公司的实际损失相当，故一审法院判决将通知中的政策补偿等额变现于法有据，应予支持。市政府提出的按照通知确定的政策补偿条件继续履行，已与客观情况不符，不予采纳。综上，判决维持高院的一审行政判决。

📖【评析】

情势变更原则本是民法上的一个原则，由诚信原则衍生而来，主要适用于债法领域。在行政补偿中，行政机关的给付义务本质上属于债，因此，行政补偿是情势变更原则可以直接适用的行政领域之一。

（一）本案符合情势变更原则的适用条件

情势变更原则指的是，法律关系成立后，为其基础或环境之情事于该法律效果完结前，因不可归责于当事人之事由，致发生非当初所能预料之变更，由是，若贯彻原定之法律效果将显失公平而有悖诚信原则，即应承认其法律效果亦可作相应变更。[①] 就本案情况而言，完全符合该原则的适用条件。

一是原行政补偿决定的成立基础发生变动。市政府经与某公司协商一致，在此前提下作出了补偿决定。该决定的内容为，通过减免某公司项目开发费用的方式，对其损失予以补偿。享受该政策性补偿是以某公司有资格开发项目为前提，但该补偿决定作出后，在市政府的给付义务尚未履行的情况下，某公司的房地产开发资质就被行政机关取消，导致补偿决定的成立基础发生了重大变动。

二是对于房地产开发资质被取消一事，某公司既无法预

[①] 参见邓德倩：《情势变更原则在税法上的适用》，载城仲模编：《行政法之一般法律原则（一）》，我国台湾地区三民书局1999年版，第327页。

见，又不可归责。从情理上说，某公司如果能够预见房地产开发资质被取消，绝不会接受政策补偿。至于是否可以归责于某公司的问题。市政府称，某公司难以享受政策补偿的原因在于其房地产开发资质被建设部门注销，过错在于某公司。某公司则称，房屋开发资质被注销是因为没有足够资金获得新的开发项目，而资金缺乏正是因为补偿迟迟不到位，所以政策补偿无法实现是出于市政府的迟延补偿。而其被取消资质系因自身条件问题，而非因其有不法行为。从注销的原因看，是因为某公司的资金缺乏，这只是一个客观事件，双方当事人对此均无主观上的过错。

三是继续按照原行政补偿决定的文义内容履行显失公平。行政补偿决定本意是给某公司享受优惠政策，但某公司自身已无法享受政策补偿。在此情况下，市政府提出，某公司还可以找合作伙伴，但这个方案大大增加了交易成本，难度很大。事实上，某公司也一直在寻找合作伙伴，但无一成功。在此情况下，市政府坚持履行原行政补偿决定，缺乏履行义务的诚意，对某公司显失公平。

（二）政策补偿变现的正当性

情势变更原则的目的在于，通过对原法律关系进行适当变更，使即将置于显失公平境地的当事人能够回归公平。但是对原法律关系的变更，并无一种固定的方法，往往存在一定的裁量选择余地。一般来讲，在进行裁量选择时，应当尽可能在保全原法律关系的前提下，进行适当变更。如果这样仍然无法做到公正，则可以考虑将原法律关系予以废止或者终止，然后通过善后处理实现公正。

就本案情况而言，行政补偿决定虽然看起来是个单方决定，但其建立在双方协商一致的基础上，具有合意性。相当于双方就某公司的损失补偿问题，签订了合同。无论是按照行政法上情势变更原则，还是按照合同法对于合同关系尽量成全的法律精神，应当首先考虑变更履行方式，使行政补偿决定最终能够得到履行。这个问题上，无论是市政府关于按照行政补偿决定的内容不加变通地履行的观点，还是某公司关于废止行政补偿决定，重新作出补偿决定的观点，均不可取。

变更政策补偿方式，应当首先考虑金钱补偿。金钱是衡量经济利益的一般等价物，在弥补经济损失的场合，金钱无疑是最易量化、最为便利的一种载体。1994年《国家赔偿法》第25条第1款规定："国家赔偿以支付赔偿金为主要方式。"法律虽然没有对行政补偿作出类似规定，但道理是相通的。在双方当事人无法就行政补偿方式达成一致的情况下，金钱补偿方式应为首选。就本案而言，市政府在其许诺的政策补偿无法实现，且双方无法就变通履行方式达成一致时，应当改变补偿方式并且应当优先适用金钱补偿方式。

政策补偿变为金钱补偿时，金钱补偿的数额应当与政策补偿的价值基本相当。其主要理由如下：

一是损益相当是行政补偿的重要原则,无论使用何种方式进行补偿,都应一体遵循。在法院协调过程中,市政府提出政策补偿不动用财政资金,具有极大灵活性,给某公司的政策补偿价值实际上远大于其损失,所以政策变现应当参照银行处理不良资产的标准来处理。减免各种开发费用其实就减少了未来的财政开支,因此,政策补偿即便存在灵活性因素,但让步尺度也不可能太大;否则,不仅违反损益相当原则,还将损害国家的财政利益。至于参照银行处理不良资产的标准确定补偿金额之说,则属显失公平。

二是政策补偿变现过程中的裁量权较为有限。如果政策补偿没有明确的数额,在变现当中则有较大的调整空间;如果政策补偿的数额明确,则没有太大的调整空间,除非双方当中的一方让步。就本案而言,行政补偿决定确定的政策补偿数额已精确到元角分,审判中几乎没有裁量余地。在此情况下,进行等额变现就是本案处理的正解。

九、超出容积率部分的土地依照何种标准进行补偿

【裁判要旨】

城市的土地属于国家所有,此类土地所有权包含了占有、使用、收益、处分四项权能。在1982年《宪法》明确规定城市的土地归国家所有以后,原通过支付对价取得"所有权"的人仍保留其使用权,且该使用权的性质应当认为系有偿取得,拆迁时应当按照房地产市场评估价格予以补偿。

【案号】

最高人民法院(2006)行他字第5号、浙江省高级人民法院(2006)浙行监字第6号、浙江省杭州市中级人民法院(2005)杭行终字第93号、浙江省杭州市拱墅区人民法院(2005)拱行初字第3号

【案情】

再审申请人(一审原告、二审上诉人):付某。
再审被申请人(一审被告、二审被上诉人):市房产管理局。

某市实施城市房屋拆迁，付某的房屋在拆迁范围内。该房屋系付某继承父亲遗产所得，拥有1953年颁发的房地产所有权证，证载庭院土地（超容积率土地）面积144.99平方米。继1982年《宪法》规定"城市的土地属于国家所有"、1986年《土地管理法》明确土地所有权与使用权分离之后，付某一直未对使用的庭院土地领取土地使用证。关于超容积率土地的补偿，按照省政府规范性文件规定，参照划拨土地的标准补偿，大致每平方米12元。拆迁人坚持按照依此标准对付某的庭院土地予以补偿，付某不同意，双方未能达成协议，故拆迁人向市房产管理局申请裁决。市房产管理局依申请作出了裁决，其中对超容积率部分的144.99平方米土地，决定按照划拨土地补偿标准，确定补偿价为1892元。付某不服，向法院起诉。

【审判】

案经一审、二审，法院均判决维持被诉拆迁裁决。付某不服，向高院申请再审。高院复查期间，就如何补偿的问题形成两种意见。第一种意见认为，省政府规范性文件可以作为拆迁安置补偿的依据。市房产管理局作出的拆迁裁决认定事实清楚，适用法律正确，原一、二审判决并无不当。第二种意见认为，在法律没有明确规定的前提下，市房产管理局认定其为划拨土地，法律依据不足。省政府规范性文件的规定不能作为拆迁安置补偿的依据。对继承取得的中华人民共和国成立初期获得房地产所有权证项下的土地性质能否认定为划拨土地，实践中一直有争论。立法机关在制定《城市房地产管理法》时曾经讨论过这一问题，但因争议过大并未作出统一规定。出让虽然是一种有偿取得土地的方式，但并不是唯一有偿取得方式。付某所拥有的房地产系中华人民共和国成立前购买，能否认定其为有偿取得，值得探讨。并且市房产管理局以没有出让手续就认定划拨土地，在推理上存在问题，那为什么不以没有划拨土地手续就认定出让土地呢？另外，根据原《城市房屋拆迁管理条例》第24条规定："货币补偿的金额，根据被拆迁房屋的区位、用途、建筑面积等因素，以房地产市场评估价格确定。具体办法由省、自治区、直辖市人民政府制定。"省政府规范性文件之规定是否与其冲突，值得商榷。根据2000年《立法法》第79条规定，在地方性法规、规章与法律、行政法规相冲突的前提下，法院应当执行法律、行政法规的规定。退一步讲，即使认定付某的庭院土地为划拨，但拆迁人与被拆迁人是平等的民事法律关系，应当适用原《民法通则》的等价有偿原则。对付某仅仅补偿1892元，违反了等价有偿原则。

从上述分歧中，高院归纳出以下两个问题向最高人民法院请示：一是付某继承取得的土地在没有出让的前提下，是否只能认定为划拨土地？二是省政府规范性文件关于超容积率土地按照划拨土地标准予以补偿之规定能否作为拆迁安置补偿的依据？

最高人民法院答复：根据2001年《城市房屋拆迁管理条

例》第 24 条规定精神，新中国成立初期获得房地产所有权证的城市私有房屋附着土地超出容积率的部分，拆迁时应当按照房地产市场评估价格予以补偿。

【评析】

　　中华人民共和国成立初期私有房屋附属土地超出容积率的部分，拆迁时应当参照出让土地的标准进行补偿。这个问题具有一定普遍性。虽然城市房屋拆迁已被国有土地上房屋征收所取代，但这个问题在今天仍会遇到。因此，该批复仍具有一定参考价值。

　　中华人民共和国成立之初，国有土地与私有土地并存。1982 年《宪法》首次设专条明确，城市的土地属于国家所有。其后不断完善城市土地产权制度，实行土地所有权与使用权分离，土地使用权从土地所有权的一项权能变成一项独立的权利，既可以通过划拨和出让原始取得，也可以通过转让继受取得。此项改革在坚持城市国家土地所有权的前提下，坚持市场导向，充分发挥市场在土地资源配置中的主导性地位和决定性作用。[①]中华人民共和国成立初期的城市私房当中，很多都持有宅基所有证等私有土地产权证件。自 1982 年《宪法》将城市土地国有化之日起，这些证件在法律上就已经作废，但基于土地所有权

　　[①] 参见张海明：《新中国成立以来城市土地所有权演变研究》，载《学术前沿》2018 年第 6 期。

与使用权分离的政策，应当认为土地使用权仍为原房主所保留。由于在宣布私有土地产权证件作废之后，行政机关没有为私房所有权人换发土地使用权证书，因此，到了房屋拆迁之时，对房屋所附着土地按照什么标准进行补偿就成为一个难题。

本案中，根据该省政府规范性文件规定，超过标准容积率部分的土地面积按照以划拨方式取得土地使用权的标准进行补偿，每平方米大约为12元，与出让方式取得土地使用权的补偿标准差距很大。这是付某提起本案诉讼的主要原因。高院请示问题的核心是，现有土地使用权的原始取得方式只有划拨和出让两种方式，在拆迁补偿时，私有房屋宅基地的使用权到底应当归入哪一类？

笔者认为，私有房屋宅基地使用权的性质，在法律层面上本无规定，可以说是一个漏洞，省政府制定规范性文件对此加以规范，具有漏洞补充的作用。行政审判中需要进一步明确的问题是，其漏洞补充的方案，即私有房屋宅基地使用权的性质应当归入划拨，在法律上可否接受。可接受，则相应规定应予适用；反之，则不能适用。

被告的推理逻辑是，私有房屋宅基地未办理过土地出让手续，未给国家缴纳土地出让金，相当于无偿取得土地使用权。划拨是无偿取得的方式，两相比较与划拨更为接近，应当类推适用划拨的规定。

鉴于此类问题在实践中具有普遍性，最高人民法院在办理案件期间曾向国务院法制办征求意见。国务院法制办提供了国土资源部和建设部的意见供参考。国土资源部认为:"对于没有地上建筑物的土地使用权如何补偿,我国现行法律法规没有明确规定,我们认为应当按照划拨土地使用权权益价格进行补偿,以保护划拨土地使用权人的合法权益。"建设部则认为:"《城市房屋拆迁管理条例》第24条规定,货币补偿的金额,根据被拆迁房屋的区位、用途、建筑面积等因素,以房地产市场评估价格确定。按照此规定,对被拆迁人的房屋、附属物,以及房屋所附着土地,应当遵循等价有偿的原则,一并按照房地产市场评估价格确定补偿金额。"最高人民法院经研究认为,建设部作为拆迁补偿的主管部门,其意见更符合法律精神,最终采纳了私房附着土地参照土地使用权出让取得方式予以赔偿的观点。

按照解释学原理,在存在法律漏洞或者缺乏法律规则时,可以采取目的性扩张、目的性限缩、类推适用、创造性补充等各种漏洞补充方法,漏洞补充方法尺度较大,运用不当容易遭致法官造法、破坏法安定性的指责,应当慎重运用。相对来说,类推适用已有类似条款作为基础,风险相对可控,在行政审判中运用也相对较多。比如,在水资源管理中将湖泊取水管理的条款类推适用于水库取水的情形。[①] 本案所涉私有房屋宅

[①] 《水法》规定,从湖泊取水应缴纳水资源费。湖北省政府制定的地方政府规章将上述规定类推适用于从水库取水的情形。对该规定是否与上位法不一致及是否具有可适用性的问题,行政审判曾有不同认识,最高人民法院经研究认可了该规定的可适用性。参见《最高人民法院行政审判庭关于用水单位从水库取水应否缴纳水资源费问题的答复》(〔2004〕行他字第24号)。

基地使用权性质定位问题，可以适用类推适用的方法。

类推适用的前提是相似性，即解释的对象与法律上的某一类别最为相似。被告的意见似乎具有合理性，但其对相似性的认识并不全面。如果国家取得城市土地所有权之后，再从国家那里取得土地使用权，其方式只有划拨和出让两种方式，对此适用被告的逻辑是没有问题的。因为划拨相当于国家把自己的资源无偿提供给相对人，相对人没有为其付出任何代价。但是对于城市国有化之前的私房所有人来说，其曾为土地付出了对价，获得了土地所有权，其中就包括使用权能。土地所有权国有化并不是没收，按照两权分离的原则，相对人仍然保留了土地使用权。该权利的来源，并不是国家把自己的资源无偿提供给相对人，而是相对人保留了因曾经付出对价而取得的权利，因此，私有房屋的土地使用权的性质与划拨有着本质的区别。换句话说，在补偿语境进行相似性比较，作为补偿对象的土地使用权，其最被强调的特点是有偿取得还是无偿取得。私有房屋的土地使用权实际上是有对价的，这与出让取得的土地使用权更为相似，按照有偿取得方式的权利进行补偿，显然更为公平合理。

十、土地征收与地上房屋拆迁程序分隔时的补偿标准

【裁判要旨】

行政机关征收农村集体土地时未进行安置补偿,之后用地时才对地上房屋组织拆迁,房屋所在地已被纳入城市规划区的,应当参照当时有效的《城市房屋拆迁管理条例》及有关规定,对房屋所有权人予以补偿安置。

【案号】

最高人民法院(2005)行他字第5号

【案情】

原告:赵某。

被告:区国土资源局。

赵某原系某村村民。1984年,赵某在集体土地上修建了房屋,用于居住并先后经营饭店、旅馆。1993年获颁《集体土地建设用地使用证》和《乡村房屋所有权证》,证载房地用途为商业和住宅。1994年,市政府批复同意征用该村全部

土地，将村里630名社员"农转非"。1996年，赵某转为城镇居民户口，但仍以其所建房屋从事个体经营，其房屋所有权证和建设用地使用证未作变更。2002年，市政府批复同意将该村某地块的国有土地使用权出让给某物业发展公司作为住宅小区建设用地，赵某的房屋在该公司的用地范围内，赵某要求该公司提供门面房安置其非住宅，双方未达成协议。2003年，国土局作出了《关于赵某拆迁安置的方案》，按当地征地补偿标准予以补偿。赵某以补偿标准太低，应当按照城市房屋拆迁的标准进行补偿为由，提起行政诉讼，请求撤销上述责令其拆除房屋交出土地的决定。

【审判】

本案的焦点问题是：农村集体土地被征用时其地上房屋当时未予安置补偿，用地时才拆迁，应按何种标准对住房和商业用房进行补偿？原审法院对此问题分歧较大，遂逐级请示。高院审判委员会经讨论形成两种意见：

第一种意见认为，对赵某的房屋应参照城市房屋拆迁补偿标准予以补偿。理由是，赵某房屋所在的土地1994年就被国家征用，相关部门直至2002年才予以拆迁补偿，其房屋所在地区早已城市化，土地的性质事实上已变为城市国有土地，赵某的房屋应视为国有土地的城市房屋。区国土局仍适用征地时的补偿标准对赵某予以安置补偿，标准明显偏低，加之目前的法律、法规对集体土地上的商业用房如何补偿无明确标准,可参照城市房屋拆迁的标准予以补偿。

第二种意见认为,对赵某的房屋拆迁安置在性质上仍属于征地补偿,不应参照城市房屋拆迁标准予以补偿。理由是:从我国目前的法律、法规来看,农村集体土地上的房屋拆迁在性质上属于征地拆迁的范畴,应适用土地管理法有关征地补偿安置的规定。因农村的房屋和城市房屋在土地所有权性质、所有权主体、土地管理方式及拆迁安置对象等方面均有差异,城市房屋拆迁管理条例并不具有直接的参照性,如予以参照将会导致政府制定的补偿标准随意性大、拆迁程序和拆迁标准混乱。赵某的房屋虽然在征地时未予及时拆迁补偿,但并不能改变对其房屋的补偿属农村集体土地征地拆迁补偿的性质。

鉴于上述问题涉及法律选择适用,且具有一定的普遍性,慎重起见,最高人民法院征求了有关部门意见。

全国人大常委会法工委行政法室来函同意参照城市房屋拆迁标准予以补偿。

国务院法制办农林司意见为:1994年征地范围中如果包括征用土地,则征用土地就是国有土地,拆迁国有土地上的房屋即应按照城市房屋拆迁标准补偿。如果争议土地仍为农村集体所有土地,被征用时则应按土地征用房屋补偿标准进行补偿。

根据上述意见,最高人民法院经研究答复如下:

行政机关征用农村集体土地之后,被征用土地上的原农村居民对房屋仍享有所有权,房屋所在地已被纳入城市规划区的,应当参照城市房屋拆迁的标准,对房屋所有权人予以补偿安置。[①]

【评析】

在过去的农村土地征收中,征收时不补偿,待到有建设项目才进行拆迁补偿的"圈地"现象,曾经一度出现。这种情况下,征收和拆迁间隔的时间往往较长,地上房屋都已纳入城市规划区,当地房地产的市场价值已经远高于农村房屋的补偿标准。但是,有些地方政府仍然坚持以农村房屋的补偿标准进行拆迁补偿,引起行政纠纷。本案即属于此种情况。

最高人民法院答复意见作出后,在类似案件中适用时,得到了广泛认同。笔者认为,该答复与诚实信用原则高度契合,具有很高的正当性。诚实信用原则源自罗马法当事人间的善意与衡平观念。[②] 善意与衡平,在私法领域体现为双方相互间的义务,但在行政法领域则更多地强调行政机关对相对人的义务。

学者认为,"守法诚信是法治政府的基本特征。"[③] 如今,

[①] 参见《最高人民法院行政审判庭关于农村集体土地征用后地上房屋拆迁补偿有关问题的答复》(〔2005〕行他字第5号)。

[②] 参见谢孟瑶:《行政法上之诚实信用原则》,载城仲模编:《行政法之一般法律原则(二)》,我国台湾地区三民书局1999年版,第194页。

[③] 参见马怀德:《新时代法治政府建设的意义与要求》,载《中国高校社会科学》2018年第5期。

中共中央、国务院印发《法治政府建设实施纲要《2021—2025》提出"全面建设……廉洁诚信……的法治政府",表明诚实信用已经不是单纯的学理,而是中央级的法律文件对政府的要求。在征收拆迁中,诚实信用原则的要求,就是把法律上相对人应得的利益,不打折扣地给予相对人。如果由于行政机关的行为或者选择,使相对人有机会获得更高的补偿,且按照原标准补偿显失公平的,就应当适用更高的标准进行补偿。本案的情况亦是如此。通常情况下,征收与补偿应当在一个程序里面同步实施,但是行政机关没有这样做,而是先作出征收决定,补偿的问题等到 8 年后有了建设项目才开始进行,人为地将一个程序拆成了两个程序。如此一来,征收决定生效后,农村土地就变成了城市规划区内的国有土地。按照原《城市房屋拆迁管理条例》第 2 条关于"城市规划区内国有土地上实施房屋拆迁,并需要对被拆迁人补偿、安置的,适用本条例"之规定,等到房屋拆迁时,赵某可以据此主张其房屋按照城市房屋拆迁的标准补偿,因为后者的补偿标准远高于前者。而且 8 年间,城市房屋价格增长的速度远快于农村房屋的补偿标准,如果按照农村房屋进行补偿,在城市安居就变得更加遥不可及。在此情况下,仍然按照农村房屋补偿不仅称不上"善意",甚至说是"恶意"也不为过。

本案还有一个情节,赵某的房屋没有变更登记,登记簿上记载的仍为农地上的房屋。这也是被告主张按农村房屋进行补偿的理由之一。笔者认为,在土地性质已经变为国有的情况下，原来的土地登记只是一种形式。形式应该服从内容，不能因为没有做变更登记就还把赵某的房屋定性为农村房屋。此外，还应当考虑到，农村土地被征用后，农民失去了基本的生产资料，如果在房屋补偿上持保守苛刻的观点，对农民的生计和发展十分不利，也不符合中央的三农政策。最高人民法院在与全国人大常委会法工委和国务院法制办进行工作交流的过程中，就此形成了高度共识。

需要说明的是，尽管随着《城市房屋拆迁管理条例》已于2011年被《国有土地上房屋征收与补偿条例》代替，本案答复亦已随之失效，[①]但其中蕴含的原则和精神仍有参考价值。笔者认为，本案答复中至少可以引申出以下两条具有指导性的规则：

一是被征收农村土地上的房屋，不适用农村房屋的补偿标准，而适用城市房屋拆迁或者国有土地上房屋征收补偿标准，区分的标准并不在于土地征收程序与房屋拆迁补偿程序之间时间间隔的长短，而在于房屋补偿是否被人为地从土地征收程序中分离出来，从而一个程序变成彼此分隔的两个程序。如果在征收决定作出之时，就已经对补偿事宜作出了安排，尽管推进缓慢，但是土地征收和房屋征收补偿仍在一个程序当中，此时仍应按照农地标准补偿；反之，如果被区分

---

① 参见《最高人民法院关于废止1997年7月1日至2011年12月31日期间发布的部分司法解释和司法解释性质文件（第十批）的决定》第73项，其中标注的废止该答复的理由为"情况已变化，实际已失效"。

为两个程序，即使间隔时间并不长，也应按照城市房屋拆迁或者国有土地上房屋征收的标准补偿。

二是应当按照较高标准予以补偿。多数情况下，房屋的补偿标准，城市高于农村，但偶尔也有城市低于农村的情形。一旦出现这种情况，应当适用何种补偿标准？笔者认为，诚实信用原则的根本要求是在可能的范围内补偿标准就高。因为按照制度设计，征收之时即应同时补偿，而将两个程序分开就如同赊债购物，在法律上有瑕疵。征收机关让被征收人承担自己的瑕疵行为带来的不利后果，显然不够"善意"，此时应当进行"衡平"，而符合"善意""衡平"的结果就是适用较高的补偿标准。

值得一提的是，在本案答复于2005年10月20日作出之后，最高人民法院于2011年9月5日颁布施行了《最高人民法院关于审理涉及农村集体土地行政案件若干问题的规定》（法释〔2011〕20号），其中第12条第2款规定："征收农村集体土地时未就被征收土地上的房屋及其他不动产进行安置补偿，补偿安置时房屋所在地已纳入城市规划区，土地权利人请求参照执行国有土地上房屋征收补偿标准的，人民法院一般应予支持，但应当扣除已经取得的土地补偿费。"该批复是以土地补偿费城市标准高于农村标准为前提的。

十一、将施工采挖的砂、石、土用于工程本身无须办理矿产开采许可证

【裁判要旨】

水电站建设单位因工程施工进行挖掘作业,在批准施工用地的范围内采挖砂、石、土用于水电站建设工程本身的,依照有关规定,无须办理矿产开采许可证及缴纳资源补偿费。

【案号】

最高人民法院(2006)行他字第 15 号

【案情】

上诉人(一审原告):某公司。

被上诉人(一审被告):州国土资源局。

某公司经国务院批准动工修建水电站。州国土资源局发现某公司从批准用土的施工现场大量挖取砂石料浇筑混凝土大坝后,经调查认为某公司在未申请采矿登记、领取采矿证的情况下从事采矿行为,于是向某公司送达了《责令履行矿产资源法定义务通知书》《责令停止矿产资源违法行为通知

书》，责令其在依法办理采矿手续之前停止开采行为。某公司未按照通知要求执行，继续从事采挖浇筑工程。州国土资源局遂向该公司送达了《矿产资源行政处罚告知书》。在该公司拒绝履行的情况下，州国土资源局向该公司送达了《矿产资源行政处罚决定书》。该公司对处罚决定不服，向省国土资源厅提起行政复议。省国土资源厅作出维持被申请处罚决定的复议决定。该公司不服，提起行政诉讼。

【审判】

州中院一审维持州国土资源局的行政处罚决定，某公司不服提出上诉。高院二审期间，经该院审判委员会讨论，就施工采挖的砂、石、土是否属于矿产以及是否需要办理采矿许可证的问题形成两种意见：

一种意见认为，根据1996年《矿产资源法》第3条关于"勘查、开采矿产资源，必须依法分别申请、经批准取得探矿权、采矿权，并办理登记"之规定，第39条关于"违反本法规定，未取得采矿许可证擅自采矿的，擅自进入国家规划矿区、对国民经济具有重要价值的矿区范围采矿的，擅自开采国家规定实行保护性开采的特定矿种的，责令停止开采、赔偿损失，没收采出的矿产品和违法所得，可以并处罚款"之规定，以及《矿产资源法实施细则》的有关规定，某公司应当依法办理采矿许可证手续。因上述法律法规均未对已取得土地使用权的范围内开采矿产作特别规定，也未规定例外情形，故某公司应依法办理采矿许可手续。

另一种意见认为，对在已取得土地使用权范围内开采矿石，《矿产资源法》及其实施细则确无特别规定。但是国土资源部根据《矿产资源法实施细则》的授权，在对下答复中作出如下解释："建设单位因工程施工而动用砂、石、土，但不得将其投入流通领域以获取矿产品营利为目的，或就地采挖砂、石、土用于公益性建设的，不办理采矿许可证，不缴纳资源补偿费。""'因工程施工'和'就地'是指在工程建设项目批准占地范围内，因工程需要动用或采挖砂、石、土用于本工程建设。目的是鼓励建设单位在建设中充分利用已批准占地范围内的矿产资源，减少异地开采，以利于保护环境。"某公司依据该解释在批准用地的范围内，就地采挖砂石用于本工程符合国土资源部的两个复函精神，可不办理采矿许可证、不缴纳资源补偿费。

高院就上述法律适用问题向最高人民法院提出请示，最高人民法院答复如下：

根据《矿产资源法实施细则》第45条关于"本细则由地质矿产部负责解释"的规定，参照国土资源部的解释，水电站建设单位因工程施工而在批准用地的范围内采挖砂、石、土，用于水电站大坝混凝土浇筑工程的，无须办理矿产开采许可证及缴纳资源补偿费。[1]

---

[1] 参见《最高人民法院关于在已取得土地使用权的范围内开采砂石是否需办理矿产开采许可证问题的答复》（〔2006〕行他字第15号）。

【评析】

《矿产资源法实施细则》第 2 条规定："矿产资源是指由地质作用形成的，具有利用价值的，呈固态、液态、气态的自然资源。"因此，砂、石、土属于矿产资源。

按照《矿产资源法》的规定，开采矿产资源是一种开发利用自然资源的活动。那么，采挖砂、石、土的活动是否属于开采，就看采挖是否以获取砂、石、土为目的。如果以获取砂、石、土为目的，则是开采自然资源。至于获取的砂、石、土是自己使用还是别人使用，都不影响行为的定性。如果采挖并非为了获取砂、石、土，而是从事其他活动的副产品，则不是开采自然资源。比如，盖楼过程中的地面挖掘作业也会获取土方，但其并不是开采自然资源，因为其目的是打地基。这种情况下开挖砂石的行为并非开采行为，而是建设行为。但是本案中的情况似乎介于两者之间。水电站建设单位因工程施工而在批准用地的范围内采挖获得的砂、石、土，本来也是此类工程的副产品，但是如果这些砂、石、土被用于水电站大坝混凝土浇筑工程，则该行为无论怎么定性，都在可能的文义范围内。如果从行为的整体目的看，不改变土地面貌就无法开展工程建设，砂、石、土的采挖是出于工程建设的目的。但是从其最终用途看，作为建设材料用于工程亦可归入"开发利用"的文义之内。因此，认为其开采自然资源也好，还是不属于开采自然资源也好，都在判断余地的合理范围内。此时,最好采用社会学解释方法,即在法条文义存在较大裁量空间的情况下,选择社会效果最大化的方案,以统一法律效果与社会效果。具体操作就是将两种方案的利弊进行比较。

对于建设单位来说,将工程需要挖掘出来的砂、石、土就地利用,将节省巨大的开支,对于国家来说,也有着物尽其用和环境保护的巨大社会效益,可以说是一个双赢的举措。如果不将采挖砂、石、土认定为开采自然资源,对于市场导向的建设单位来说,无疑是一个巨大的正面激励,作为一个理性的市场主体,必然会选择就地利用挖掘出来的砂、石、土。如果将采挖砂、石、土认定为开采自然资源,建设单位就需要办理采矿许可证并缴纳相关规费,其利用砂、石、土带来的好处与付出的时间成本和经济成本相比,常常得不偿失。其通常的选择就只能是将其作为垃圾处理掉。这对于企业来说成本最小,但对整个社会来说,有限的自然资源就被白白浪费了。两相对比,高下立判。

国土资源部认为:一是国家"鼓励建设单位在建设中充分利用已批准占地范围内的矿产资源,减少异地开采,以利于保护环境"。这一精神应当作为判断此类问题的基本遵循。二是在公共工程建设项目批准占地范围内,因工程需要动用或采挖砂、石、土用于本工程建设,此种就地采挖砂、石、土的行为不宜认定为开采自然资源的行为,无须办理采矿许可证,亦无须缴纳资源补偿费。三是自用和转让给他人使用有着本质区别。如果将砂、石、土转让他人使用,则自然资源就进入了市场,行为性质就发生了变化。采挖行为的目的就从附属于建设的目的中突出出来,变成以获利为目的,也就是"开发利用自然资源"的开采行为。

国土资源部作为矿产资源开发利用的主管部门,在这一问题上的解释尺度合理且精准,行政审判中应予充分尊重。最高人民法院的答复不仅仅是法律概念的逻辑操作,也充分研究吸收了行政部门的意见。两部门在这一问题上的见解高度契合。

十二、行政机关在星期六实施强制拆除是否合法

【裁判要旨】

法定节假日的含义有广义和狭义之分。广义包括星期六和星期日。狭义则不包括星期六和星期日。根据《行政强制法》第 69 条关于"本法中十日以内期限的规定是指工作日,不含法定节假日"之规定,《行政强制法》中的"法定节假日"是排除工作日以外的日子,包括星期六和星期日。故行政机关在星期六实施强制拆除行为,可认定违反了《行政强制法》的规定。

【案号】

最高人民法院（2016）最高法行他 81 号

【案情】

上诉人（一审原告）：孙某。

被上诉人（一审被告）：县人民政府。

县国土资源局以孙某房屋在征收范围内,并已安置在统拆统建安置点,但孙某拒绝领取房屋拆迁补偿费且拒不腾

出房屋交出土地为由，作出责令交出土地决定，限孙某3日内交出土地并自行腾空房屋，逾期将申请人民法院强制执行。因孙某在该决定所规定的期限内没有交出土地并自行腾空房屋，县国土资源局向县人民法院申请强制执行。县人民法院作出行政裁定，对责令交出土地决定准予执行，由县国土资源局和县城关镇人民政府组织实施。县国土资源局向孙某发出执行通知书，载明"为依法实施集体土地征收工作，经县政府同意，请你于11月9日前主动搬迁，履行法定义务。逾期将依据县法院行政裁定书组织实施强制拆除"。11月22日即星期六，孙某房屋被强制拆除，孙某不服，诉至市中院。

【审判】

中院一审认为，涉案房屋被强制拆除之日为星期六，属于法定节假日，故被诉强制拆除行为违反了《行政强制法》第43条第1款"行政机关不得在夜间或者法定节假日实施行政强制执行"之规定，遂判决确认强制拆除孙某房屋行为违法。县政府不服一审判决，向高院提起上诉。

高院二审中，经审判委员会讨论形成了两种意见：

第一种意见认为，被诉行政强拆行为不违反《行政强制法》第43条第1款规定。主要理由是：国务院《全国年节及纪念日放假办法》规定的当前我国的三类法定节假日，①不包括星期六和星期日；《国务院关于职工工作时间的规定》则明文规定星期六、星期日属于休息日；②《劳动法》中对休息日和法定节假日也作出区分，③故本案强制拆除之日虽然是星期六，但不是法定节假日，不违反《行政强制法》第43条第1款的规定。

第二种意见认为，根据《行政强制法》第43条第1款的释义，法定节假日是指根据各国、各民族的风俗习惯或纪念要求，由国家法律统一规定的用以进行庆祝及度假的休息时间，以及正常情况下的星期六、星期日。故被诉强制拆除行为违反了《行政强制法》第43条第1款的规定。

高院就上述法律适用问题向最高人民法院提出请示，最高人民法院答复如下：

依照《行政强制法》第43条第1款及第69条的规定，行政机关不得在星期六实施强制拆除，但是情况紧急的除外。

---

① 2013年修订的《全国年节及纪念日放假办法》规定的三类法定节假日为：第2条规定的全体公民放假的节日、第3条规定的部分公民放假的节日及纪念日和第4条规定的少数民族习惯的节日。该办法第6条规定了节假日与星期六、星期日的关系。

② 1995年修订的《国务院关于职工工作时间的规定》第7条第1款规定："国家机关、事业单位实行统一的工作时间，星期六和星期日为周休息日。"

③ 《劳动法》第44条规定："有下列情形之一的，用人单位应当按照下列标准支付高于劳动者正常工作时间工资的工资报酬：（一）安排劳动者延长工作时间的，支付不低于工资的百分之一百五十的工资报酬；（二）休息日安排劳动者工作又不能安排补休的，支付不低于工资的百分之二百的工资报酬；（三）法定休假日安排劳动者工作的，支付不低于工资的百分之三百的工资报酬。"

📖【评析】

"法定节假日"的范围如何界定，尤其是是否包括星期六、星期日，文义上存在选择空间。"法定节假日"的文义，在不同法律规范上有狭义和广义两种不同理解。

狭义理解认为不包括星期六和星期日。比如，《未成年人保护法》规定："学校不得占用国家法定节假日、休息日及寒暑假期。"《公共图书馆法》规定："公共图书馆在公休日应当开放，在国家法定节假日应当有开放时间。""休息日""公休日"就是星期六和星期日，法定节假日与之并列规定，显然并不包括星期六和星期日。

广义理解则包含星期六和星期日。比如，《行政许可法》规定："本法规定的行政机关实施行政许可的期限以工作日计算，不含法定节假日。"法定节假日包括工作日以外的其他时间，包括星期六和星期日在内。

以上规定中法定节假日的含义，都可以在本条规定中直接找到相对的概念，以单纯的文义解释，将两个概念相互对照即可确知。但是《行政强制法》第43条第1款规定中并无相对概念，因此，其到底应采广义还是狭义，无法以文义解释得出明确结论，只能结合运用其他的解释方法。

一般来说，在可能的文义存在多种方案，文义解释无法进一步明确时，应当首先考虑运用体系解释方法。其步骤应当是由近及远，即首先在同一法律规范中联系上下文，如果仍不能确定，再扩大到其他法律规范。就本案而言，在《行政强制法》中寻找关联条款，可以找到第69条规定，其内容为："本法中十日以内期限的规定是指工作日，不含法定节假日。"根据上述规定，行政强制法中的"法定节假日"是排除工作日以外的日子，包括星期六和星期日。因此，除紧急情况外，行政机关不得在星期六实施强制拆除。

一般的法律问题，经过上述体系解释方法的运用，基本可以得出确定的结论，但是这个问题决定着一年中将近1/3的时间能否实施强制执行，无论对行政执法还是权利保护，都可谓关系重大。为慎重起见，最好在法意解释、目的解释或者社会学解释方法中继续验证。

休息权是中华人民共和国公民的一项基本权利。[①]《行政强制法》第43条规定，原则上不得在夜间或者法定节假日实施强制执行，意在保护公民的休息权，防止扰民。[②]而星期六、星期日都是休息日。循此目的，可以推知《行政强制法》第43条规定的"法定节假日"应当包括星期六和星期日。德国等国家和地区均有周末休息日不得采取强制执行措施的规定，[③]这一比较法经验亦有助于我们在法律解释中借鉴。另外，还有一点值得提及，前述解释观点亦为全国人大

[①] 《宪法》第43条第1款规定："中华人民共和国劳动者有休息的权利。"

[②] 参见全国人大常委会法制工作委员会行政法室编著：《中华人民共和国行政强制法解读》，中国法制出版社2011年版，第141页。

[③] 参见全国人大常委会法制工作委员会行政法室编著：《中华人民共和国行政强制法解读》，中国法制出版社2011年版，第141~142页。

常委会法工委行政法室编著的行政强制法释义书籍所认可。该书对于把握立法本意具有一定参考作用，可以进一步补强经过前述分析得出的结论。

十三、情况判决的适用条件

【裁判要旨】

情况判决的适用条件应当严格掌握,只能适用于行政行为一般违法且已实施,撤销该行政行为将可能给国家利益或社会公共利益造成重大损害的情形。人民法院在判决确认违法的同时,可以同时判令被告采取补救措施的,应当结合案件具体情况和法律规定尽可能具体化,以求赔偿或补救到位。

【案号】

最高人民法院(2004)行终字第6号、[①] 河南省高级人民法院(2003)豫法行初字第1号

【案情】

上诉人(一审原告):益民公司。

被上诉人(一审被告):市政府。

被上诉人(一审被告):市计委。

原审第三人:亿星公司。

---

① 本案二审判决书登载于《最高人民法院公报》2005年第8期。

2000年，益民公司获市建设局批准，成为本市管道燃气专营单位，并已在部分地区铺设了燃气管道。2002年，针对益民公司与另一家燃气公司并存的状况，市政府发文规定市规划管理局通知益民公司停止铺设管道。2003年，"西气东输"城市管网项目被列为省、市两级政府的重点项目，市计委组织该项目法人招标，向亿星公司、益民公司等企业发出邀标函。受市政府委托，市计委发出《招标方案》规定，投标人须将5000万元保证金打入指定账户用于项目建设。益民公司在报名后因未能交纳保证金而没有参加竞标活动。市计委依据评标结果和考察情况向亿星公司下发了《中标通知书》，市政府随后作出54号决定，由亿星公司独家经营本市城市天然气管网工程。亿星公司办理了该项目用地手续，购置了输气管道等设施，并与中石油管道分公司签订了"照付不议"用气协议，开始动工开展管网项目建设。

益民公司提起行政诉讼，认为市计委作出的招标方案、中标通知书以及市政府54号决定授予亿星公司城市天然气独家经营权的行为均不符合法律规定，侵犯了其依法享有的管道燃气经营权，要求赔偿经济损失。

【审判】

一审法院判决：一、确认市计委作出的《招标方案》《中标通知》和市政府作出的54号文违法；二、由市政府对益民公司施工的燃气工程采取相应的补救措施；三、驳回益民公司的赔偿请求。益民公司不服一审判决，以一审判决认定被诉行政行为存在多处违法，本应撤销为由提出上诉。二审法院判决：一、维持一审判决第一项、第三项；二、一审判决第二项改为"责令市政府、市计委于本判决生效之日起六个月内采取相应补救措施，对益民公司的合法投入予以合理弥补"。判决理由如下：

益民公司已取得了燃气专营权。按照正当程序，市计委应在依法先行修正、废止或者撤销该文件，并对益民公司基于信赖该批准行为的合法投入给予合理弥补之后，方可作出招标方案。因此，市计委发布招标方案违反法定程序，亦损害了益民公司的信赖利益。

由于益民公司取得的燃气专营权对整个招标活动始终构成法律上的障碍，故市计委直到对亿星公司发出中标通知书时，仍未对该文件作出处理以排除法律上的障碍，属于违反法定程序，且损害了益民公司的信赖利益。另外，中标通知书还有如下两处违法：一是没有采取公开招标方式，采用邀请招标却未依法办理批准手续，违反《河南省招标投标法实施办法》第13条规定。二是市计委给投标人的准备时间只有10日，未按照《招标投标法》第24条规定，给予投标人20日以上的准备时间。

市政府在未对益民公司燃气专营权的批准文件进行依法处理的情况下，径行作出授予亿星公司经营权的54号决定，违反了法定程序。

综上,二审法院认为,市计委作出招标方案、发出中标通知书及市政府作出 54 号决定的行为存在适用法律错误、违反法定程序之情形,且影响了上诉人益民公司的信赖利益。但是如果判决撤销上述行政行为,将使公共利益受到损害:一是招标活动须重新开始,"西气东输"利用工作的进程必然受到延误。二是由于具有经营能力的投标人不止亿星公司一家,因此重新招标的结果具有不确定性,如果亿星公司不能中标,则其基于对被诉行政行为的信赖而进行的合法投入将转化为损失,该损失虽然可由政府予以弥补,但最终亦必将转化为公共利益的损失。三是亿星公司如果不能中标,其与中石油公司签订的"照付不议"合同亦将随之作废,本市利用天然气必须由新的中标人重新与中石油公司谈判,而谈判能否成功是不确定的,在此情况下,市民及企业不仅无法及时使用天然气,甚至可能失去"西气东输"工程在本市接口的机会,从而对本市的经济发展和社会生活造成不利影响。根据 2000 年《行诉解释》第 58 条关于"被诉具体行政行为违法,但撤销该具体行政行为将会给国家利益或者公共利益造成重大损失的,人民法院应当作出确认被诉具体行政行为违法的判决,并责令被诉行政机关采取相应的补救措施"之规定,应当判决确认被诉具体行政行为违法,同时责令被上诉人市政府和市计委采取相应的补救措施。由于益民公司燃气专营权批准文件已被市建设局予以撤销,该文现在已不构成被诉具体行政行为在法律上的障碍,因此就本案而言,补救措施应当着眼于益民公司利益损失的弥补,以实现公共利益和个体利益的平衡。

一审法院判决确认被诉具体行政行为违法并无不当,但其对补救措施的判决存在两点不足:一是根据有关法律精神,为防止行政机关对于采取补救措施之义务无限期地拖延,在法律未明确规定期限的情况下,法院可以指定合理期限,但一审判决未指定相应的期限。二是一审判决仅责令市政府采取相应的补救措施,而未对市计委科以应负的义务。

【评析】

本案最值得研究的问题是,情况判决的适用条件如何掌握。行政诉讼中,对违法行政行为一般应当判决撤销,情况判决是一种例外情况。情况判决指的是,在撤销行政行为将给国家利益和社会公共利益造成重大损害时,法院不判决撤销,而是认定违法,并对违法及违法造成原告损害等消极后果予以补救。

法安定性和公平正义是法治的两大基石,但两者之间具有反比关系,一个达到极致,另一个就无法保全,因此两者相互包容并根据发展需要调整比例形成新的平衡,才是法治的常态。所谓法安定性,在行政和司法阶段,通常指的是"籍由法律达成之安定"。[①] 行政行为效力理论强调,行政行为

---

① 参见曾昭恺:《由法安定性论公法上情势变更原则》,载城仲模编:《行政法之一般法律原则(一)》,我国台湾地区三民书局1999年版,第272页。

在被依法撤销之前，具有公定力、拘束力和执行力，更多维护的是法安定性价值；法律优先原则强调，违法的行政行为必须被撤销，更多维护的是公平正义，或者法律之内的正义。行政行为一经作出，哪怕是违法的行政行为，其上也可能附随着值得保护的利益，并且也可能会成为公共秩序的一部分，将其撤销必然影响法安定性。通常情况下，撤销违法的行政行为对于维护公平正义非常重要，而由此对法安定性的影响则如蚍蜉撼树，可以忽略不计。因此，行政行为违法时，公平正义的价值彰显，法安定性价值相对内敛。不过，有时行政行为牵涉的利益巨大，对公共利益会造成重大损害，对法安定性影响巨大。此时，调整法安定性和公平正义占比的天平，就应当向前者适度倾斜。因此，原本判决撤销行政行为就改为确认行政行为违法，既守住公平正义的底线，同时也保全该行政行为的效力，以满足法安定性的需要。这种判决方式就是情况判决。

　　情况判决最早出现在日本，后来为韩国等国家和地区所借鉴。最高人民法院 2000 年修订《行诉解释》时，总结行政审判中的实际做法，将其作为一种判决方式加以规定。2014 年《行政诉讼法》将该规定升级入法，变成以下两条规定：一是该法第 74 条第 1 款第 1 项规定，行政行为有下列情形之一的，人民法院判决确认违法，但不撤销行政行为：行政行为依法应当撤销，但撤销会给国家利益、社会公共利益造成重大损害的。二是该法第 76 条规定："人民法院判决确认违法或者无效的，可以同时判决责令被告采取补救措施；给原告造成损失的，依法判决被告承担赔偿责任。"两个规定结合起来即是情况判决。

按照制度设计，撤销诉讼中如果满足理由具备性，通常都应采用撤销判决。情况判决属于极少的例外情况，适用条件应当严格掌握。我国自2013年人民法院在互联网公布裁判文书以来，不到十年间，仅高院一级适用情况判决的文书就有1460篇。而创造情况判决制度的日本，自有情况判决以来66年间，适用情况判决的案件只有32件。[①] 尽管客观上，我国改革开放以来，政府承担的经济社会发展任务十分繁重，需要更加积极、更有作为，行政行为牵涉重大公共利益的频率也要更高一些，但情况判决数量之大仍然提示我们，严格掌握适用条件仍是一个值得重视的问题。笔者认为，情况判决的适用至少要满足以下四个条件：

一是行政行为构成一般违法。按照违法的严重程度，行政行为的违法可分为四种情形：无效、一般违法、轻微违法和形式瑕疵。无效是最严重的违法，指的是行政行为因重大且明显违法而自始无效的情形。一般违法是行政行为违法的常态，主要有行政行为主要证据不足、适用法律法规错误、违反法定程序、超越职权、滥用职权、显失公正等情形。一般违法的行政行为依法应予撤销，但撤销之前应为有效。轻

---

① 参见金成波：《行政诉讼之情况判决检视》，载《国家检察官学院学报》2015年第6期。

微违法指的是行政行为所违反的规定欠缺重要性（如超过法律规定办事期限一天）。轻微违法的行政行为只要没有影响原告的合法权益，就只能确认违法而不可撤销，当然也属有效。形式瑕疵指的是行政行为有欠规范的情况。比如明显的错字、表达繁琐等，此种情况尚不构成违法。情况判决的法律效果是保全违法行政行为的效力，其前提是违法行政行为可以撤销且在撤销前仍属有效。无效行政行为，不撤销也没有效力，不在情况判决适用范围内。轻微违法一般是不可撤销的，通常无须借助情况判决即可保全效力。形式瑕疵既然不属违法，也是不可撤销的，亦无须借助情况判决来保全效力。本案中，市政府和市计委的违法情形为，没有按照法律规定进行公开招标；采取的邀请招标未经合法报批；未先行依法收回益民公司的燃气专营权，即实施三个被诉行为，且留给投标人的时间短于法律规定。上述违法构成适用法律错误和违反法定程序，均属一般违法。

二是行政行为已经实施或者开始实施。如果行政行为还没有开始实施，则其对国家利益和社会公共利益要么还没有造成损害，要么即使造成损害通常也达不到重大的程度。因此，法安定性的要求还没有那么迫切。从实践情况看，未必要求实施完毕，只要行政行为的实施有了明显进展，即应认为满足这一条件。本案中，市政府、市计委作出三个被诉行为后，招标工作已经结束，其结果是亿星公司获得了城市天然气管网经营权。此后，亿星公司已与中石油公司签订"照付不议"合同,行政许可的实施已经取得了明显进展。

三是违法行政行为撤销与否利弊对比明显。效能原则是行政法上的一般原则,因为人民肯定希望"用尽可能少的税赋,得到最优的公共管理和服务"。[①] 情况判决就是为了保全"最优的公共管理和服务",避免此种公益受到重创。公益包括国家利益和社会公共利益,都是不确定概念,法院在分析撤销行政行为的弊端时,应当结合案情和有关背景情况,进行具体化的操作。反之,不加分析而简单地直接援引法条,显然不符合裁判说理性的基本要求,也容易导致情况判决的滥用。比如,"西气东输"就是本案最为突出的公益因素。"西气东输"是国家能源战略的大动作,时间紧、任务急,时间就是一个需要着重考量的因素。只要行政行为违法没有达到无效的程度,且行政行为的实施没有不可克服的障碍,第一位的考虑是尽量不要反复。国家利益和社会公共利益的损失不仅包括撤销行政行为带来的直接损失,也包括转化而来的间接损失。本案中,亿星公司参加招投标和实施行政许可亦有很多投入,如果撤销行政行为,则对亿星公司的补偿将转化为公共利益的损失。此外,亿星公司已经与中石油签订的"照付不议"的合同,将随着亿星公司的退出而废止。如果重新招标,由新的中标人重新协商,时间将变得更长,而且增加了不确定性。

---

① 参见沈岿:《论行政法上的效能原则》,载《社会科学文摘》2019年第11期。

撤销行政行为给国家利益和社会公共利益造成的损害，必须明显大于由此带给原告的利益。否则，在给予原告赔偿后，就等于此举没有利益的增量，甚至增量为负，适用情况判决显然缺乏正当性。本案中，即使撤销三个被诉行政行为，按照"西气东输"的整体要求，需要重新组织招标。也就是说，无论是否撤销被诉行政行为，对原告益民公司而言，都无法避免其燃气专营权被废止的命运。而行政机关废止其燃气专营权的同时，对益民公司的投入损失负有补偿义务。如此，则不撤销被诉行政行为而保留其效力就不会给益民公司造成其他损害。

四是补救措施要具体到位。法院判决不能简单照抄法条，而应按照制度设计的要求，尽可能把相关的补救措施做好。要结合案情使补救措施具体化并具有可操作性，以实质公正的到位弥补形式公正的不足。关于被告采取补救措施的方式，主要包括矫治行政行为瑕疵和弥补原告损害两类情形。行政行为的瑕疵如果有碍该行为合法存续，即应责令弥补。本案被诉行政行为的三个瑕疵中，阻碍行政行为合法存续的仅有在先专营权的不当存在，且行政机关在判决之前已经自行废止，故这方面无须再做要求。法院判决被告采取补救措施，在本案限于弥补原告益民公司的损害，要求被告在判决生效之日起6个月内，对益民公司的合法投入予以合理弥补。在此会有疑问，益民公司已经提出了行政赔偿请求，请求赔偿的就是基于燃气专营许可的投入，法院为什么一方面驳回赔偿请求，另一方面又要求行政机关予以弥补呢？为什么不直接判决赔偿？因为益民公司主张的损失不属于国家赔偿法上规定的可赔偿范围，但因为被诉行政行为对益民公司有不利影响，行政机关废止益民公司许可的决定，因果关系上与益民公司合法投入的损失关系更为切近。行政机关因此对益民公司负有补偿义务，应由行政机关对此作出先行处理。

十四、国家赔偿给付期限届满后继续发生的损害之赔偿[*]

⚖ 【裁判要旨】

因人身损害致残而获得国家赔偿的请求人,在原赔偿决定所确定的相关费用给付期限届满后,就继续发生的损害再次提出国家赔偿申请的,人民法院予以受理并不违反一事不再理原则。

参照民法有关规定,原赔偿决定确定的给付期限届满后继续发生的护理费、残疾生活辅助具费等因残疾而增加的必要支出,属于应予赔偿的损失。申请人在残疾赔偿金给付期限届满后再次提出赔偿请求的,根据《国家赔偿法》关于残疾赔偿金给付期限的特别规定,应予驳回。

📖 【案号】

最高人民法院(2019)最高法赔他2号、广西壮族自治区百色市中级人民法院(1998)百中法委赔字第4号

---

[*] 本文参考了王振宇、贾力合写的《公民在获得一次性国家赔偿后因超过原给付期限而再次申请国家赔偿之处理》一文,载《中国审判》2020年第4期。

【案情】

赔偿请求人：黄某。

赔偿义务机关：某县公安局。

某县公安局民警在查辑非法运输香烟车辆过程中，违反《人民警察使用警械和武器条例》第9条的规定，开枪击中一同坐车的黄某的腰部，造成黄某终身残疾。经法医鉴定，黄某的残疾等级为一级。黄某向中院赔偿委员会申请国家赔偿。

中院作出赔偿决定，责令赔偿义务机关县公安局赔偿决定前已发生的医药费、住院费、误工费、营养费、交通费共9万余元，按月给付黄某的母亲生活费直至死亡、弟弟黄某某生活费支付至18周岁。此外，县公安局还要按当时的《国家赔偿法》第27条第1款第2项规定的"国家上年度职工平均工资的二十倍"支付残疾赔偿金20余万元。该决定生效后，县公安局全部履行完毕。

二十年后，黄某依据《人身损害赔偿解释》第32条规定，再次申请国家赔偿。要求该县公安局赔偿其今后10年的残疾赔偿金、护理费、辅助具费等各项费用共计150余万元。县公安局决定不予受理。黄某申请复议，市公安局维持县公安局不予受理决定。黄某不服，向中院赔委会申请作出国家赔偿决定。

【审判】

中院在审理中就黄某在残疾赔偿金等项目给付期限届满

后能否再次提出赔偿请求以及应否赔偿等问题认识不一，遂提出请示。高院经审判委员会研究形成两种意见。

第一种意见认为，继续发生的护理费等各项费用应当视为发生在2010年《国家赔偿法》实施期间的新的损害事实，应当根据2010年《国家赔偿法》第34条予以赔偿。但残疾赔偿金由于《国家赔偿法》第27条作出了最高年限为20年的限制，不宜再予赔偿。

第二种意见认为，本案不应受理并予赔偿。理由为：一是按照法不溯及既往的原则，1998年赔偿决定作出之时，依据的是1994年《国家赔偿法》，其中并无后续护理费、残疾生活辅助具费应予赔偿的规定。2010年《国家赔偿法》第34条虽然明确了护理费、辅助具费应给予赔偿，但不应溯及适用。二是残疾赔偿金已经按照《国家赔偿法》规定的20年的最高给付年限作出决定，并无错误。在此情形下，再次受理本案，有违一事不再理原则。

高院就上述法律适用问题向最高人民法院提出请示，最高人民法院答复如下：

申请人因人身损害致残获得国家赔偿后，超过相关费用给付期限或年限，再次提起国家赔偿申请，请求支付护理费、残疾生活辅助具费等因残疾而增加的必要支出的，人民法院应予受理，并可依据2010年《国家赔偿法》第34条的规定精神，判令赔偿义务机关继续支付相关费用5~10年的赔偿；但根据2010年《国家赔偿法》第34条第1款第2项的规定，对申请人再次提出的赔偿残疾赔偿金请求，不予支持。

【评析】

（一）再次申请赔偿与一事不再理

超过给付期限或者年限后，受害人就继续发生的损失再次求偿，程序上唯一可能的障碍就是一事不再理原则。如果有违一事不再理原则，其申请即应被拒之门外。如果不违反一事不再理原则，即应进入实体审理；如果损害确实存在，且与原侵权行为之间的因果关系得到了证明，即应再次获得赔偿。

一事不再理原则要求当事人，对已经发生法律效力的判决、裁定的案件，除法律另有规定外，不得就同一事实再行起诉和受理。因为在该事实范围内，生效裁判具有既判力。即使裁判确有错误，亦不可无视其存在而再行起诉，只能依照审判监督程序加以纠正。只有借助一事不再理原则，裁判才能发挥定分止争的作用，并成为秩序稳定的基石。

所谓"一事"，是指同一当事人，就同一法律关系，而为同一诉讼请求。将本案与原赔偿案件比较，两案当事人和法律关系的同一性显而易见，需要重点判断的是诉讼请求是否同一。按照《国家赔偿法》的规定，残疾赔偿金、残疾生活辅助具费、护理费等均采用一次性赔偿的方式。这种方式具有一定迷惑性，使人以为上述费用的一次性支付，意味着其所对应的损害得到了全部赔偿。如果是这样，再次提出的赔偿请求就被包含在原赔偿请求当中了，两者也就具有了同一性。要搞清楚这个问题，必先了解一次性赔偿方式的性质。

首先，一次性赔偿是对预期利益损失的预先估算。预期利益损失的发生虽属必然，但损失的大小与时俱增，而持续时间的长短事先不能确定，导致赔偿数额在决定赔偿时往往无法确定。残疾赔偿金、残疾生活辅助具费、护理费、被扶养人的生活费等均属于预期利益损失。从精准弥补损害的需要来看，预期利益损失的赔偿采用定期支付赔偿金的方式更为适宜。但是这种方式在民事赔偿领域存在较大障碍，即侵权人参差不齐的诚信水平和变动不居的财政状况，使得判决的执行充满不确定，对受害人来说显然弊大于利。因此，民事赔偿退而求其次，以预估的损失发生时间为给付年限计算赔偿数额并予以一次性赔偿。

其次，一次性赔偿是最低赔偿标准。一次性赔偿标准适用的结果，受害人获得的赔偿额与其遭受损失的总额经常是不平衡的。一是受害人在给付年限届满前死亡，其实际损失小于一次性赔偿额，按照民法有关规定，此种情况并不会追回超出部分。二是给付年限届满后，受害人继续发生的损失不在一次性赔偿额的范围之内，按照民法有关规定，受害人有权继续主张赔偿。这表明一次性赔偿具有最低赔偿标准的性质。在给付年限之内，按照最低标准予以赔偿，超出给付年限之后，则对新发生的预期损失再次预估并予以一次性赔偿。

国家赔偿脱胎于民事赔偿,其关于残疾赔偿金等费用的一次性赔偿,亦同样具有上述两种性质。

通过对一次性赔偿方式的分析可知,原赔偿决定只是就给付期限之内的损害,对申请人提出的赔偿请求予以满足。本案中,申请人提出的赔偿请求,针对的却是超出给付期限的后续损害,两案的赔偿请求并不完全一致。作为两个赔偿请求基础的损害,虽然都是同一侵权行为所造成,但是原赔偿决定既判力范围限于给付期限之内的损害事实,而本案的赔偿请求则立基于给付期限届满后新的损害事实,两个案件并非"一事"。因此,黄某就原侵权行为产生的后续损害事实提出赔偿请求,并不违反一事不再理的原则。

(二)关于再次申请赔偿的法律适用问题

2010年《国家赔偿法》只有42条,如此之短的篇幅显然难以囊括国家赔偿的所有内容。一般认为,国家赔偿法只是国家赔偿在实体和程序方面的特别规定,其一般规定,实体部分在侵权法,程序部分在行政诉讼法和民事诉讼法。

按照法律选择适用规则,预期利益损失的赔偿应当优先适用国家赔偿法的特别规定;在特别规定缺位时,可以适用一般规定;一般规定不仅包括法律条款,也包括从属于该条款的司法解释和司法政策。按照上述原则,对案涉三个赔偿项目是否赔偿以及如何赔偿,分以下两步进行分析。

首先,关于残疾赔偿金。当时的原《侵权责任法》(现《民法典》侵权责任编)只是规定在人身损害致残时应予赔偿,但未规定给付年限和计算标准。《人身损害赔偿解释》规定的给付年限为"自定残之日起按二十年计算"。超过20年后,法院可以依申请再次判令侵权人给付残疾赔偿金,给付年限为"五至十年"。2010年《国家赔偿法》第34条第1款第2项规定:"……残疾赔偿金根据丧失劳动能力的程度,按照国家规定的伤残等级确定,最高不超过国家上年度职工年平均工资的二十倍……"对照上述两种规定,原《侵权责任法》及其司法解释规定的是残疾赔偿金的给付年限,而《国家赔偿法》规定的则是残疾赔偿金的数额上限。从语义来看,本次给付年限届满后,受害人劳动能力受损的程度没有改善的,则损害继续发生,原《侵权责任法》及其司法解释关于给付年限的规定并不妨碍其再次获得残疾赔偿金,但是《国家赔偿法》规定的残疾赔偿金数额上限却是无法逾越的障碍。因此,2010年《国家赔偿法》第34条关于残疾赔偿金数额上限的规定就是一个特别规定,必须优先适用,如此,原《侵权责任法》及其司法解释关于再次获得残疾赔偿金的一般规定即无适用余地。

其次,关于残疾生活辅助具费、护理费。《国家赔偿法》没有规定给付期限届满后可否再次申请赔偿,但如前所述,给付期限届满后受害人就此提出的赔偿请求与原请求已非

"一事"。如果法院认为受害人仍需继续护理、配制辅助具的，则该情形符合 2010 年《国家赔偿法》第 2 条的赔偿要件，属于 2010 年《国家赔偿法》第 17 条第 5 项规定的具体情形，依法应予赔偿。此种情形如何赔偿，在国家赔偿法没有具体规定的情况下，可以适用民事赔偿的有关规定。人身损害赔偿解释关于"赔偿权利人确需继续护理、配制辅助具，或者没有劳动能力和生活来源的，人民法院应当判令赔偿义务人继续给付相关费用五至十年"之规定，作为一般规定，可以用于计算以上两个赔偿项目的具体数额。

本案还涉及一个法律适用问题：1994 年《国家赔偿法》列举的各种应赔费用中未提及残疾生活辅助具费和护理费。有观点认为，旧法上两种费用不属于国家赔偿范围，后续发生的两种费用支出亦可不予赔偿。笔者对此不能苟同。因为没有列为单独的赔偿项目未必不属于可赔损失范围。事实上，法院过去对这两种费用并非置之不理，只不过做法不同。有的直接列入赔偿决定，有的则是将其归入医疗费或者残疾赔偿金等名目之下一并考虑。正是上述实践探索的支撑，2010 年《国家赔偿法》才将两种费用明确列入应赔的损失范围。也就是说，两种费用旧法不排斥，又被新法明确纳入范围。本案中，黄某再次提出申请时新法已经实施，在此情况下，人民法院应当依照新法决定赔偿两种费用。

（三）余论：再次申请残疾赔偿金的正当性

残疾赔偿金是对受害人因人身损害致残造成的劳动能力下降的补偿，对应的是由此减少的收入损失。对受害人而言，残疾赔偿金所起的作用就相当于工资保障。按20年的给付年限确定的残疾赔偿金，就相当于发了20年的工资。如果20年后，受害人仍然存活，则其后的收入损失就是侵权行为造成的新的损害。这一点，国家赔偿与民事赔偿并无本质不同。而对于给付期限届满后继续申请残疾赔偿金的问题，之所以民事赔偿予以支持，国家赔偿则予以否定，其正当性应与《国家赔偿法》制定的时代背景有关。当时综合国力比较薄弱，国家赔偿的功能更强调对受害人的抚慰，而非充分补偿，因此赔偿标准低于民事赔偿。

"治国有常，而利民为本。"如今，中国特色社会主义已经进入新时代，以人民为中心的发展思想亦已牢固确立，且综合国力已经取得了长足进步，残疾赔偿金的封顶规定显然已经不合时宜。笔者认为，如果能够启动《国家赔偿法》修改，可以在以下两种方案中择一：一是该法第34条对残疾赔偿金给付年限的最高限制应当取消，其再次申请的问题应当向民事赔偿规则看齐。二是考虑到国家信誉和支付能力的稳定性，建议定期发放残疾赔偿金，直至受害人死亡。

第三部分
Part Three
作者事迹简介
The Author's Deeds

王振宇，男，汉族，1968年6月生，内蒙古突泉人，中共党员。中国社会科学院法学研究所比较宪法与行政法专业毕业，研究生学历，法学博士学位，全国审判业务专家，现任最高人民法院第四巡回法庭分党组副书记、副庭长，一级高级法官。

一、综合情况

王振宇同志先后在最高人民法院行政审判和国家赔偿审判岗位工作。2014年获评全国审判业务专家。个人累计获嘉奖、优秀共产党员称号7次，单项表彰三等功2次。担任审判长期间，所在合议庭获优秀办案集体1次。担任行政庭副庭长、赔偿办副主任（包括主持工作）期间，所在单位获优秀办案集体1次，集体嘉奖6次，集体三等功1次。

二、成长经历

1997年8月到最高人民法院工作，在北京市密云县（现为密云区）人民法院经济审判庭实习。1998年9月至2019年5月，历任最高人民法院行政审判庭书记员、助理审判员、

审判员、审判长。2012年6月起担任行政审判庭副庭长，2017年4月至12月主持工作。2019年5月至2022年12月担任最高人民法院赔偿委员会办公室副主任，2021年3月至7月主持工作。2023年1月以来担任最高人民法院第四巡回法庭分党组副书记、副庭长。曾在2014年11月至2015年11月，参加中组部、团中央博士服务团赴宁夏，挂职担任自治区政法委副秘书长，并任博士服务团团长。

三、审判业绩

王振宇同志从事审判工作二十多年来，努力做到让司法有力量、有温度；让人民有温暖、有保障，不断满足人民群众新要求、新期待，维护人民群众合法权益，追求公平正义，坚持政治效果、法律效果和社会效果相统一，取得突出业绩。

第一，关于执法办案。办理行政案件、国家赔偿案件1500余件，主管案件4000余件，在办案的同时不断延伸司法服务职能。一是立足最高人民法院职责定位，深入挖掘案件典型意义。办理的城市燃气工程招标案、工商机关违法开具罚款证明案等多个案件登载于《最高人民法院公报》。"无主体强拆"再审案入选2019年中国法学会行政法学研究会《推动中国法治进程十大行政诉讼典型案例》，并收入中央电视台专题纪录片《中国行政审判三十年》。指导审理的行政机关侵犯人力三轮车经营权再审案,入选最高人民法院第十七批指导性案例,并入选"2017年推动法治进程十大案件"。上述案例均在中央电视台作了宣传报道。二是始终站在人民立场,把群众的司法获得感作为首要追求。成功协调案件近200件,人民群众多次送锦旗、牌匾或来信致谢,称他为"当代包公"。在涉冬奥会拆迁系列案中,提出将多类案件统筹化解的思路,协调四级法院建立与政府联动的工作机制,最终促成各方和解。指导合议庭协调棚户区改造案件,在人民群众满意的前提下,相关政策得到完全贯彻。指导审理的吴某红国家赔偿案,贯彻"当赔则赔"工作理念,充分释放权利保护的法律红利,当事人面对媒体公开表示"信任最高人民法院"。三是坚持能动司法,实现三个效果统一。办案中充分发挥行政审判保护人民权利和助力法治政府的职能作用。工商机关不利变更处罚决定系列案重大复杂,多次带队赴当地现场协调,通过辨法析理使各方回归理性。依法下判后,不仅原告方送来锦旗和感谢信,被告方以及当地党委政府亦对最高人民法院表示理解和感谢。

第二,关于调研指导。一是参与法律修改。作为行政诉讼法修改研究小组主要成员,参与修法调研四年期间的全部活动,出席全国人大媒体见面会,并解答问题、宣传新法。二是参与司法解释和司法政策制定。作为执笔人起草房屋登记司法解释和行政许可司法解释。组织参与2018年《行诉解释》《精神损害赔偿解释》《涉执行赔偿解释》,以及涉监所刑事赔偿司法文件和首个规范行政诉权指导文件的起草工作。规范行政诉权的指导文件被选为2017年度人民法院十大司法政策之一。三是统一裁判尺度。提议设立行政法官专业会议，解决行政诉讼案件因多部门办理而难以统一裁判标准的问题。组织编写《行政审判办案指南（一）》，以最高人民法院办公厅名义下发。担任《中国行政审判案例》系列指导用书的副主编和编辑部主任，编辑四期共160个案例。组织发布了三批行政审判典型案例和一批国家赔偿典型案例，均取得了良好效果。其中，"征收拆迁十大案例"引起社会很大关注，中央电视台在新闻调查和焦点访谈等栏目先后作了深度报道。四是加强司法与行政良性互动。自2017年组织开展"加强行政审判工作，助力法治政府建设"系列活动以来，组织中央国家机关大型座谈会两次；协助组织国务院部委领导旁听行政案件一次；就民营企业家合法权益保护、行政裁决、PPP协议、医疗卫生行业综合监管、直管公房、政务公开、行政复议等方面的法律适用问题，组织、参加研讨近百次。

第三，关于挂职锻炼。2014年11月至2015年11月，参加中组部和团中央组织的博士服务团，赴宁夏挂职担任自治区政法委副秘书长，分管政法委全部业务工作。时值"改革落实年"，政法委承担的依法治区改革任务十分繁重。紧紧依靠组织，凝聚部属，一年完成15项改革任务。其中，中央批准的法官检察官遴选委员会和惩戒委员会改革任务，从章程制定，到举办两委成立大会和两委委员培训，再到首批试点市县法官检察官遴选工作的完成,只用了8个月。宁夏作为第二批司法体制改革试点省份,改革的进度追上了首批试点省份,得到中央肯定。协助自治区组织部开展了"了解区情、服务基层、接受教育"主题实践活动,接受银川市政府的邀请,组织团友对银川市"十三·五"规划草案提出改进建议。带领博士团立足专业为宁夏经济社会发展献计献策,得到了自治区主要领导和中组部人才局的充分肯定,中组部《组织人事报》和《宁夏日报》作了长篇报道。2016年1月,时任最高人民法院院长周强同志在挂职报告上批示:"很好!作出了成绩,发挥了作用,增长了才干。"

第四,关于教育培训。二十多年来,接受国家部委、中国法学会、地方党委政府、国家法官学院等邀请,为国家部委全国法制领导干部培训班、"百名法学家百场讲座"、地方党委理论学习中心组(扩大)学习会、全国行政审判培训班、国家赔偿审判培训班等,就依法行政要义、法治政府建设、行政诉讼法新精神、行政诉讼门槛、国家赔偿审判新发展等专题进行授课,获得高度评价。

四、理论成果

个人专著、合著、参编共计9部。在法学核心期刊和学术刊物上发表论文70余篇,多次获得学术奖励。作为执笔人和主要参与人,参加最高人民法院重点调研课题、中国法学会青年基金课题、中国社科基金重大课题和重点课题各1个,均已结项。

(一)主要论著

1.《行政法核心理念与制度变迁》,载《吉林大学社会科学学报》1995年第5期。同年高校学报文摘摘编,人大复印资料存目,并收入罗豪才主编的《行政法的平衡理论》一书。

2.《我国行政诉讼的制度症结与对策分析》,载《吉林大学社会科学学报》1997年第3期。

3.《对自由裁量行政行为进行司法审查的原则和标准》,载《法制与社会发展》2000年第3期。

4.《行政诉讼的裁判》,载《行政执法与行政审判》2000年第2集。

5.《没收违法所得是否应当扣除成本》,载《法制日报》2000年8月4日。

6.《行政审判难在何处》,载《法制日报》2001年3月24日。

7.《比例原则在司法审查中的应用》,载《人民法院报》2001年4月22日。

8.《对肇事司机的醉酒驾驶和撞伤行人两行为能否分别作出处罚决定》,载《法制日报》2001年7月25日。

9.《不作为行政赔偿责任构成要件之确定》,载《人民法院报》2001年8月5日。

10.《谈工商登记的司法审查》,载《人民司法》2001年第9期。

11.《一起交警大队暂扣车辆行政案件中的法律选择适用问题分析》,载《法制日报》2002年4月8日。

12.《美国司法审查制度考察概要》,载《人民法院报》2003年4月21日。

13.《德国、法国、瑞士行政诉讼制度撮要》,载《行政执法与行政审判》2003年第4集。

14.《中国行政诉讼制度的发展》,载《中国法律》2004年第12期。

15.《试论行政争议与民事争议的交织及其处理》,载《行政执法与行政审判》2005年第3集。

16.《行政程序的司法审查》,载《行政执法与行政审判》2006年第2集。

17.《行政诉讼法的修改：视点和目标》,载《人民法院报》2006年8月3日。该文章被立法机关列为法律修改参考资料,修改的《行政诉讼法》吸收了文中主要建议。

18.《行政自由裁量表现形式二题》,载《人民法院报》2006年11月16日。

19.《如何界定行政自由裁量所应考虑的因素》,载《人民法院报》2006年12月21日。

20.《从法律限制个体权利合理性的角度评税收征管法

第八十八条第一款规定》，载《月旦财经法杂志》2006年第3期。

21.《行政程序裁量的司法审查标准》，载《人民法院报》2007年1月25日。

22.《合理性原则在司法审查中的应用》，载《人民法院报》2007年3月22日。

23.《物权法对行政审判的几点影响》，载《燕京法学》2007年第3辑。

24.《行政裁量司法审查模式化及其构建》，载《行政执法与行政审判》2009年第1集。

25.《行政裁量及其司法审查》，载《人民司法》2009年第19期。

26.《〈关于审理行政许可案件若干问题的规定〉的理解与适用》，载《人民法院报》2010年1月4日。

27.《国有土地拍卖公告及与之相关的拍卖行为属于行政行为还是民事行为》，载《行政执法与行政审判》2010年第1集。

28.《房屋登记行政诉讼三十六问》，载《行政执法与行政审判》2010年第2集。

29.《行政机关许诺的政策补偿因客观情况变化难以实现能否判决金钱赔偿》，载《行政执法与行政审判》2010年第2集。

30.《"超越职权"之司法审查标准的运用及发展》，载

《行政执法与行政审判》2010年第3集。

31.《最高人民法院〈关于审理行政许可案件若干问题的规定〉之解读》，载《法律适用》2010年第4期。

32.《行政诉讼的诉权保护》，载《人民司法》2010年第7期。

33.《〈关于审理房屋登记案件若干问题的规定〉的理解与适用》，载《人民司法》2010年第23期。

34.《行政审判中解释法律的五种基本方法》，载《人民司法》2011年第3期。

35.《行政审判中职权审查的九个问题》，载《人民司法》2011年第15期。

36.《行政许可案件八十一讲》，载《行政执法与行政审判》2011年第5集、第6集。

37.《行政诉讼制度研究》（独著60万字），系《法治理念·实践·创新》丛书之一，中国人民大学出版社2011年版。

38.《行政诉讼类型化：完善行政诉讼制度的新思路》，载《法律适用》2012年第2期。

39.《行政诉讼法修改应关注十大问题》，载《法律适用》2013年第3期。

40.《从案例视角看行政审判实务的最新发展》，载《法律适用》2013年第8期。

41.《行政审判体制改革应以建立专门行政审判机构为目

标》，载《法律适用》2015 年第 1 期。

42.《可诉行政行为的基本特征》，载微信公众号"行政执法与行政审判"，2019 年 6 月 24 日。

43.《关于审理国家赔偿案件确定精神损害赔偿责任若干问题的解释的理解与适用》，载《人民司法》2021 年第 3 期。

44.《涉执行司法赔偿中若干法律适用问题——对〈最高人民法院关于审理涉执行司法赔偿案件适用法律若干问题的解释〉的解读》，载《法律适用》2022 年第 5 期。

（二）科研项目

1. 最高人民法院重点调研课题《关于中华人民共和国物权法实施以来物权登记法律适用问题的调研》，担任执笔人。

2. 中国法学会青年基金课题《行政诉讼证据规则研究》，担任主持人。

3. 国家社科基金重点课题《违宪审查制度研究——违宪审查制度建构》和《中华法文化的源起和传承——河洛文化法元素的研究》，作为参加人。

（三）学术奖励

1. 1995 年获吉林大学优秀青年科研成果一等奖。

2. 1996 年获吉林大学"精英杯"优秀论文二等奖。

3. 1999 年获全国法院系统优秀论文三等奖。

4. 2006年获最高人民法院与北京大学"国际税法论坛"优秀论文一等奖。

5. 2012年《行政诉讼类型化：完善行政诉讼制度的新思路》一文获《法律适用》"乌江杯"有奖征文一等奖。

后记
Postscript

应松年先生经常对行政法后辈们说："做任何事情，说任何话，都要想一想，这件事情对老百姓有益吗？"自从听到这句广为传颂的至理箴言，我就牢记在心，引为自己的座右铭。

弹指一挥，我在最高人民法院工作已二十六年。回忆过往，最感欣慰的是，自己始终把努力让人民群众感受到公平正义体现到每一个案件、每一件事情的办理当中，与此同时，还做到了一个"勤"字，始终没有懈怠。在努力工作、努力学习的同时，不断总结提升审判工作经验，并希望这有限的经验能化作照亮前行之路的一抹光亮。感谢最高人民法院首次推出全国审判业务专家裁判思维丛书的决定，让我专注于审判思路的系统整理，使本书得以面世，为行政诉讼和国家赔偿审判同仁提供裁判参考和帮助。

这本书的顺利完成，要感谢导师陈云生教授、崔卓兰教授的学术引领，感谢领导及同仁多年的培养关心，感谢出版社编辑的辛苦付出，感谢亲人对我繁忙工作之余加班写作给予的理解照顾。特别要感谢应松年、马怀德、胡建淼、沈岿四位老师的点拨鼓励。

由于时间仓促，写作难免存在疏漏，敬请读者谅解指正。

王振宇

2023 年 2 月 21 日于北京